Guia Definitivo

Da *Premier Physician* Para Promover Sua Clínica De Estética

67 Segredos De Marketing

Para Eticamente Atrair Novos Pacientes, Ganhar Mais Dinheiro & Desenvolver Sua Clínica

Julie Guest

Guia Definitivo Da Premier Physician Para Promover Sua Clínica de Estética:

67 Segredos de Marketing Para Eticamente Atrair Novos Pacientes, Ganhar Mais Dinheiro & Desenvolver Sua Clínica

Título original em inglês:

"The Premier Physican's Ultimate Guide to Marketing Your Aesthetic Practice: 67 Marketing Secrets to Ethically Attract New Patients, Make More Money & Grow Your Practice"

Traduzido por Rosângela Lawrence

"Sue Ellen, that was a brilliant idea you had to team up with a cosmetic surgeon."

O guerreiro de sucesso
é um homem comum,
focado como um laser.

— Bruce Lee

Dedicatória

Este livro é dedicado à minha filha River, de quatro anos, cuja viva imaginação, infinita curiosidade e senso de aventura me ajudam a manter minhas prioridades na ordem certa; à minha mãe, cujo conhecimento como professora de inglês me ajuda a manter minha escrita mais gramaticalmente correta do que seria de outra forma; e aos meus excepcionais clientes, que fazem a minha alegria em trabalhar e são a inspiração para escrever este livro. (Não se preocupem, eu certamente não revelei *todos* os nossos segredos de marketing!)

Índice

Primeira Parte
Histórias de Marketing

Prefácio

É com grande prazer que escrevo este prefácio para a tão esperada versão em português do fenomenal livro de Julie Guest: "67 SEGREDOS DE MARKETING - Para Eticamente Atrair Novos Pacientes, Ganhar Mais Dinheiro & Desenvolver Sua Clínica".

Tenho trabalhado com Cirurgia Plástica Estética por mais de 20 anos. Na primeira metade de minha carreira, como professor universitário tempo integral, e na segunda metade, em clínica privada.

Hoje associo tratamentos cirúrgicos e não cirúrgicos em duas clínicas, Salt Lake City e Park City, Utah. Um dos fatores mais importantes do meu sucesso profissional vem da capacidade de promover de forma eficaz, ética e proativa a minha clínica e marca junto aos pacientes.

A clínica estética de hoje é completamente diferente do que era há alguns anos atrás e o "marketing" tornou-se imprescindível para o sucesso profissional. Isso é devido à globalização da beleza, o novo perfil dos pacientes, a indústria da medicina estética (não cirúrgica) e o aumento da concorrência com a entrada dos "non-cores" no mercado (médicos cosméticos).

A globalização da beleza aumentou a demanda pelo aprimoramento estético e rejuvenescimento de pacientes em todo o mundo. Esta "revolução" não se limita ao mundo ocidental ou ao rico e privilegiado, ela inclui indivíduos de todas as faixas de renda, especialmente no Brasil. O paciente brasileiro é um produto de uma mistura de muitas raças, uma exposição ao sol tropical num grande litoral e que sofre pressão contínua para uma melhor aparência. Devido a isso, nossos colegas brasileiros são hoje responsáveis por muitas inovações em cirurgia estética.

Os pacientes mudaram também! A geração pós-guerra exige soluções rápidas, seguras e eficazes para reverter o processo de envelhecimento. Pacientes querem resultados reais e imediatos que durem e também querem ser bem cuidados. Às vezes, o paciente tem conhecimento sobre o assunto, mas, muitas vezes, está confuso e estressado com tantas informações sobre tratamentos e diferentes especialistas. Pacientes adoram programas de manutenção de beleza. Estão à procura de honestidade, integridade, ética médica e precisam ter a certeza de que você é o melhor médico para tratá-los. Por todas essas razões, seu marketing e marca são fundamentais, não só para atrair novos pacientes, mas, acima de tudo, para manter os que você já tem!

A indústria da Medicina Estética, assim como os profissionais não adequadamente treinados, continua a crescer em níveis exponenciais, gerando confusão entre pacientes e mídia. Mais um fator que nos direciona ao marketing!

De acordo com estatísticas anuais da ASAPS e ISAPS, procedimentos não cirúrgicos representam a maior parte dos tratamentos realizados hoje em nossos consultórios. Os *medspas* sob estrita supervisão médica tornaram-se parte integrante da clínica de cirurgia estética bem-sucedida.

Julie Guest é uma líder no mundo dinâmico do marketing. Eu a conheci durante o *American-Brazilian Aesthetic Meeting* (ABAM), em Park City, Utah. Fiquei muito impressionado com as suas apresentações inovadoras para marketing, com novas e exclusivas abordagens para melhora da minha clínica. Quando li seu livro, imediatamente adotei suas ideias e recomendações para aprimorar minha clínica de cirurgia estética.

O livro "*67 Segredos*" é dividido em três partes: a Primeira Parte tem várias histórias interessantes que ajudam a ilustrar o tema; a Segunda Parte é o coração do livro, onde os 67 segredos são explicados de uma forma muito fácil de entender e de implementar imediatamente as mudanças em sua clínica; a Terceira Parte explica as muitas oportunidades que se tem quando se lida com consultores de marketing e como colocar tudo em prática. Os "*67 Segredos*" vão ajudar os novatos a estabelecer a sua clínica de estética desde o primeiro passo e a ter seu nome reconhecido na comunidade. Pode ser uma importante ferramenta estratégica também para o médico estético mais experiente que deve "reinventar" sua clínica todos os dias para manter sua competitividade.

Tendo crescido no Brasil e me mantendo conectado com Cirurgiões Plásticos Brasileiros por muitos anos, eu entendo as dificuldades inerentes e as controvérsias quanto à promoção de sua clínica estética. Espero que este livro o ajude a entender melhor os importantes aspectos de marketing na construção de sua marca e a implementar rapidamente as mudanças necessárias para ver a sua clínica crescer.

Aproveite o livro e o compartilhe com sua equipe. Não demore nem mais um dia para aplicar os "67 Segredos" que Julie Guest descreve em seu livro de maneira tão brilhante!

Renato Saltz, MD, FACS
Presidente Eleito ISAPS
Ex-Presidente ASAPS
Membro Honorário SBCP

Introdução

Há muitos livros sobre como desenvolver uma clínica médica, todos recheados com *teorias* de marketing, com maneiras certas e erradas de promover seu consultório ou clínica.

Este não é um deles!

Tudo que você vai ler nas próximas páginas é baseado na vida real, no marketing "das trincheiras", que realmente *funciona* (não o que *deve funcionar*) para atrair novos pacientes para você e impulsionar seu negócio. Já foi testado no "campo de batalha" por mais de mil negócios em todos os Estados Unidos e Canadá, incluindo clínicas dos melhores médicos, em lugares variados, desde a cidade de New York até Sedona, no Arizona, e também em uma vasta gama de especialidades, desde cirurgia plástica e cosmética até urologia e angiologia.

Resultado: as estratégias de marketing que você está prestes a descobrir funcionarão para você na sua clínica – se você as aplicar.

Mas, primeiro, vamos entender o *elefante na sala*, o qual se ignora para poder conviver com ele.

Antes de mais nada, não sou médica (onde levo uma vantagem considerável em comparação a você por razões que explicarei em um minuto). Fiz Faculdade de Marketing e de Direito, mas não de Medicina. Mal posso soletrar a palavra *rinoplastia* e, apesar de ter sido socorrista de esquiadores, às vezes fico com as pernas bambas ao ver muito sangue.

Tudo isso é uma boa notícia para você, porque uma coisa que eu **realmente** sei fazer é conseguir mais pacientes para você. *Muito mais pacientes...*

O fato de eu NÃO ser médica é exatamente a razão pela qual você deve me ouvir a respeito de como promover sua clínica médica.

Todos têm uma habilidade especial. A minha é fazer empreendimentos crescerem. É uma paixão (talvez uma obsessão) que tenho desde que cursava o ensino médio, quando comecei meu primeiro negócio vendendo "boxer shorts", que são aquelas cuecas folgadas (quando as cuecas brancas e apertadinhas eram comuns demais). Aquele pequeno negócio, em 12 meses, cresceu ao ponto de eu precisar contratar 20 colegas de escola para me ajudarem. Nós aparecíamos regularmente no jornal local. Hoje sou consultora de marketing estratégico, cofundadora de uma importante agência de marketing médico, a *Premier Physician Marketing* e, de acordo com uma publicação anual divulgada pela *American Writers and Artists Inc.* (AWAI), eu também sou uma das mais bem pagas redatoras e consultoras de publicidade da América. Tenho a sorte de trabalhar com algumas das principais e mais bem sucedidas clínicas de medicina cosmética do país.

Marketing não é uma coisa que faço nas horas vagas enquanto dirijo uma clínica movimentada. É o que eu e minha equipe nos *devotamos* a fazer em tempo integral. Pode ser mais confortável ler um livro de marketing escrito por um colega médico, eu entendo, mas por que você limitaria seu aprendizado e reflexão à experiência individual de apenas uma pessoa? Eu trabalho com consultoria de marketing para 50, até 100 consultórios e clínicas médicas a cada ano. Meus artigos e blog sobre negócios influenciam diretamente mais de 20 mil empresários em toda a América do Norte. Eu sei, em primeira mão, o que funciona e, igualmente importante, o que *não funciona*.

Francamente, o jeito de se promover uma clínica médica mudou dramaticamente, principalmente nos últimos três anos. Qualquer médico que esteja usando as mesmas técnicas de marketing que usava para a promoção de sua clínica há cinco ou dez anos muito provavelmente está usando métodos extremamente antiquados que simplesmente não funcionam mais. *Os pacientes em potencial de hoje são mais difíceis de alcançar do que nunca.* Eles estão cansados, estressados, confusos e precisam "se curar" em vários níveis. Eles são céticos e muito provavelmente tiveram, pelo menos, uma má experiência com outro médico cosmético, ou conhecem alguém que teve. Hoje, mais do que nunca, seus pacientes em potencial precisam de um médico em quem confiem para ajudá-los a se sentirem o melhor possível – *pelo resto da vida.*

O único problema para alcançar essas pessoas é que elas também estão sendo bombardeadas por mais de três mil outras mensagens de marketing todos os dias.

Então, como você chega até elas? E uma vez que as alcance, como você se *conecta* com elas e faz com que lhe telefonem?

A resposta é: seguindo estas novas e simples regras de marketing, que eu chamo de "Regras de Marketing para a *Nova Economia*", (a era em que estamos agora, pois o comportamento das pessoas foi alterado para sempre pela recessão).

1. A tolerância dos seus pacientes a qualquer coisa muito usual, ao lugar comum e, certamente, à incompetência é *zero*. Isto significa que sua clínica não pode, de jeito nenhum, se parecer com a dos seus concorrentes: **basta de mesmices**. Você tem que ser incomparável. Sua mensagem de marketing precisa ser melhor e distinta daquela dos seus concorrentes, e ela precisa ter uma aparência diferente, especialmente o seu site na Internet.

2. Marketing não pode mais ser do tipo "push", onde se "empurra" o produto até o cliente – apenas jogando a mensagem de marketing no mercado e esperando que caia no alvo. Marketing, agora, precisa ser "laser-focused", focado como um laser em um público específico. As pessoas querem um serviço bem de acordo, especializado e até personalizado para atender à suas necessidades.

3. O marketing de hoje é baseado na **construção do relacionamento** com seus pacientes e pacientes em potencial, o "Trust-Based Marketing", o marketing baseado na confiança. Isto significa que você precisa investir em um marketing que construa uma ligação com os prováveis pacientes e que posicione *você* como o expert da sua área – relatórios especiais, guias para os pacientes, livros, vídeos informativos e, acima de tudo,

uma campanha consistente, bem planejada e bem escrita, demonstrando que você, antes de tudo, se importa com eles como pessoas. As pessoas preferem investir seu tempo e dinheiro em pessoas reais, concretas, não em alguma instituição indefinida, sem rosto, e uma marca que soa como uma grande corporação.

Um bom exemplo disto aconteceu nos anos 80, quando Lee Iacocca voltou para a Chrysler Corporation, que lutava para se manter de pé, e a confiança dos clientes na marca era a mais baixa já vista. Iacocca lançou uma série de anúncios para dar um rosto e uma personalidade à marca. Os seus anúncios de linguagem simples *(Se você encontrar um carro melhor, compre-o.)* resultaram em uma das mais espetaculares recuperações corporativas de todos os tempos.

Da mesma maneira, a tolerância dos seus futuros pacientes ao marketing sensacionalista ou táticas de venda por alta pressão é basicamente nenhuma. Eles querem honestidade, integridade e, acima de tudo, querem ter a confiança de que você é o melhor médico para cuidar deles.

Se Você Já Tem Uma Clínica Bem-Sucedida

Este livro vai ajudá-lo a seguir em frente de modo mais astuto, eficiente, produtivo e com mais confiança. Você vai saber, imediatamente, quais das suas atividades de marketing atuais estão trazendo um ROI (retorno de investimento) aceitável e o que você precisa adicionar à sua atividade de marketing existente para obter o melhor dos resultados, expandir sua reputação profissional e reposicionar a sua clínica como a *número um* na sua área da especialidade em sua cidade.

Se Você Ainda Não Abriu Sua Clínica, Mas Pretende Fazê-lo

Este livro pode afugentá-lo. Se isso acontecer, considere como um favor – gerenciar uma clínica de sucesso certamente não é para aqueles de coração fraco. Se o livro não o assustar, então ele vai ajudá-lo a evitar muitas armadilhas e problemas com a promoção de sua clínica e vai lhe fornecer um excelente quadro estratégico e roteiro para o seu sucesso.

Isso nos leva a um outro ponto importante...

SUA CLÍNICA É, ANTES DE MAIS NADA, UM NEGÓCIO.

Ao escolher trabalhar em um consultório particular, eu acredito que você teve várias razões:

1. Você valoriza sua independência e autonomia.

2. Você gosta de praticar a medicina com um mínimo de interferência externa – um dia não muito bom em seu próprio consultório ainda é melhor do que um ótimo dia trabalhando para um chefe (ou uma chefe)!

3. Você está criando um patrimônio para você e sua família, que pode oferecer o estilo de vida desejado e uma boa aposentadoria.

Como médico, acredito que você esteja exercendo "medicina" e não gerenciando um "negócio", e que os aspectos de negócio no funcionamento de sua clínica são um mal necessário com o qual você tem que lidar para poder ser um médico.

Entretanto, minha visão do funcionamento de uma clínica é que, antes de mais nada, ela deve funcionar como um **negócio. Sem lucro, não**

há clínica. Este é um conceito básico para ser seguido, para possibilitar que mais do seu tempo possa ser liberado para você usar como preferir, seja praticando mais medicina, seja batendo uma bola, seja fazendo qualquer coisa de sua lista de coisas a fazer antes de morrer.

Em segundo lugar, acredito que o principal objetivo de trabalhar por conta própria é ganhar dinheiro. Não é empregar outros, promover o bem social ou pagar impostos, embora estes sejam (ou possam ser) subprodutos gratificantes. Trata-se de ganhar tanto dinheiro quanto você sempre quis ganhar e de se recompensar – por todas aquelas noites sem dormir, se preparando para as provas na Faculdade de Medicina, pelo tempo e a energia gastos nos estágios e residência médica (quando a vida era uma maratona sonolenta 24 horas por dia), e pelo risco e responsabilidade de abrir e gerenciar sua própria clínica – com o exato tipo e estilo de vida que você quer. *Ajudar você a conseguir o que deseja com mais facilidade é o único propósito deste livro.*

Eu dividi este livro em três partes. A primeira é uma coleção de "histórias de marketing", onde você pode "entrar e sair" – cada uma trata de uma estratégia singular ou primordial para desenvolver sua clínica e vê-la subir até o topo. Acho que as histórias são a melhor maneira de ilustrar um assunto que, de outra forma, seria desinteressante.

A segunda parte do livro contém os aspectos técnicos da promoção de sua clínica – as "porcas e parafusos", ou seja, os segredos de marketing, como prometido.

A terceira e última parte é para qualquer um que esteja arrancando os cabelos para promover sua clínica e se sentindo frustrado (e/ou sobrecarregado) com tudo isso. Você vai ficar aliviado ao saber que existe um botão chamado "Easy", ou seja, "Fácil", que você pode apertar. O livro também contém algumas dicas de como trabalhar com consultores e agências de marketing.

Espero que você se beneficie com a leitura deste livro, e que se divirta também. Seus comentários e perguntas são bem-vindos – você pode se comunicar diretamente comigo através do e-mail: julie@premierphysicianmarketing.com.

Julie Guest
Wellington,
Nova Zelândia

Primeira Parte

Histórias de Marketing

Pare De Vender Tratamentos E Comece A Vender Confiança

Você já teve a sensação de que a nobre profissão da medicina está se tornando uma mercadoria? *Especialmente* quando se trata da prática da medicina estética e marketing médico.

Ainda ontem eu abri o jornal local e contei dezessete anúncios diferentes para spas médicos, serviços de cirurgia plástica e dermatologia cosmética. Dezessete! Não é o número que me preocupa, mas a mensagem de marketing nos anúncios. Cada uma das clínicas estava usando o que eu chamo de **"abordagem Walmart"** para o marketing. O que isto significa – eles estavam anunciando produtos e tecnologia: Botox, Ccolsculpting, Fraxel Laser, Smart Lipo, Juvederm.

"Botox por 97 dólares!" "Oferecemos SmartLipo com tratamentos a partir de 299 dólares!"

Cada clínica estava travando uma guerra de preços com as outras. Quem oferece o preço mais baixo? Essa é a abordagem Walmart para marketing e, infelizmente, a maioria das clínicas de medicina estética se promove desta forma, pois não sabem que há uma maneira melhor; além do fato de serem incentivadas pelos diversos fornecedores de tecnologia. Eles lhe vendem suas máquinas, lhe dão o seu marketing para usar e... você está pronto para seguir em frente. O único problema é que eles dão a seus concorrentes *exatamente o mesmo marketing.*

O resultado? Sua clínica fica praticamente idêntica às dos seus concorrentes e a única maneira que você tem para parecer diferente ou se destacar é *o preço.* Tenho certeza de que você não precisa que eu lhe diga que os melhores pacientes para o tratamento são aqueles menos preocupados com o preço, que escolhem a sua clínica por causa de VOCÊ – sua experiência, suas credenciais, sua atenção.

Então, como você faz a mudança – da venda de produtos e tecnologia para a venda de VOCÊ, com pacientes felizes em lhe pagar pelo topo da tabela em vez da base?

Com a venda da *confiança.* Se você puder ganhar a confiança dos possíveis pacientes, eles, de bom grado, pagarão mais por sua experiência e *também* se tornarão alheios ao canto da sereia de seus concorrentes. Em outras palavras, se você começar a vender *confiança* e parar de vender produtos e tecnologia, você poderá cobrar mais e tornar a sua concorrência *irrelevante.* Certo! Mas como você vende confiança?

A resposta é simples: reposicionando sua clínica, de modo que o seu marketing seja sobre *você* – e *não sobre seus serviços.* Isto é, o seu marketing o reposiciona como uma "celebridade" em seu próprio mercado.

Será que as pessoas realmente confiam nas celebridades? De acordo com "The Wagner Group", uma empresa de pesquisa em New York que realizou um estudo junto com "Reader's Digest" sobre as 100 pessoas de maior confiança dos americanos, você já pode adivinhar, o primeiro, segundo e terceiro lugares ficaram com celebridades de Hollywood, e Dr. Oz (que tem um programa de auditório na televisão) foi colocado como a sétima pessoa mais confiável na América.

Agora, eu não estou falando em fazer de você uma "estrela", mas apenas uma celebridade local – uma pessoa famosa em seu mercado local. Em outras palavras, fazer de você *o principal médico em sua cidade*, usando a "Fórmula para Domínio do Mercado em Seis Etapas":

1. Identifique o seu mercado-alvo.

2. Crie uma mensagem exclusiva.

3. Reposicione sua marca e reorganize as suas ofertas de serviços e produtos.

4. Use ferramentas de marketing baseadas na confiança, que "atraiam" seu mercado-alvo para você.

5. Proporcione aos pacientes uma experiência extraordinária.

6. Implemente um *sistema* de marketing para atrair, converter e reter os pacientes – e obter mais encaminhamentos.

Esta "Fórmula de Seis Etapas" deve formar a base do seu plano de marketing. É assim com os nossos clientes. Se você não está vendo os resultados que gostaria com o seu marketing atual, há uma grande possibilidade que você não esteja realizando uma ou mais das etapas acima.

Três Maneiras De Se Destacar Em Um Mercado Superlotado

Você já reparou que comer fora não é o que costumava ser? O garçons mal sabem o que está no cardápio, o serviço é ruim e a comida raramente corresponde ao que é anunciado. Eu não quero pegar no pé do setor de restaurantes, mas este é um bom exemplo de uma epidemia nos negócio que está causando o caos e correndo solta em todas as indústrias.

Quando eu compro alguma coisa agora, eu quase espero uma decepção. Os tênis que deveriam ter uma sola para durar cinco anos – sola rachada e no lixo após dois. O encanador que diz que vai chegar entre 9h e 11h – aparece às 15h, sem dar explicação ou se desculpar.

Resultado – o serviço foi para o beleléu e tornar-se um novo cliente já não significa mais *nada*. Pelo menos não para a maioria dos negócios, cuja visão é muito curta para ver que o objetivo de conseguir um novo cliente NÃO é efetuar uma venda – é construir um *relacionamento*.

Tudo isso é muito bom para você e seu negócio. Significa que nunca foi tão fácil fazer a sua clínica parecer surpreendente e atrair uma multidão de pacientes *infelizes*, para longe dos seus concorrentes. Se você é cético sobre a existência dessa multidão de pacientes infelizes em seu mercado, é só acessar Yelp.com e começar a ler os comentários sobre seus concorrentes. Muito provavelmente, haverá pelo menos um punhado de clínicas cosméticas que parecem cometer, repetidamente, os mesmos erros. Não seria ótimo se você pudesse atrair aqueles pacientes para o seu consultório? Na verdade, é muito mais fácil do que você imagina. Aqui estão três maneiras de fazer sua clínica se destacar:

1. **Cumpra suas promessas (mas nunca prometa demais, nem leve o paciente a crer em um resultado que é improvável).** Soa ridiculamente simples, porque é. O primeiro passo é certificar-se de que eles entendem o processo de tratamento. Em seguida, o resultado esperado. É melhor ter um paciente decepcionado na fase de consulta do que lidar com uma dor de cabeça enorme e um paciente amargamente infeliz no pós-tratamento ou pós-procedimento. Depois, faça a sua equipe exceder o esperado, realmente fazendo com que o paciente se sinta bem-vindo. Ligando para ele depois do tratamento para saber como está passando. Mandando um cartão de agradecimento por ter vindo à consulta. Ligando no dia do aniversário. Na *Premier Physician Marketing* temos um altíssimo índice de retenção de clientes – muito maior do que a média da indústria. Por quê? Porque nós oferecemos um serviço excepcional aos nossos clientes. Certa vez, foi pulando no carro e dirigindo 300 milhas para entregar pessoalmente uma caixa de material impresso de marketing para um evento do cliente porque a gráfica tinha

errado a data de entrega. Uma outra vez foi trabalhar em uma campanha de última hora, direto por três dias, para ajudar um cliente a aproveitar uma oportunidade única na vida. Tudo que você fizer no seu negócio, faça-o tão bem que as pessoas não possam deixar de comentar com os outros sobre você.

2. **Faça a supervalorização das pessoas que se tornam novos pacientes.** É preciso coragem e fé para alguém escolher você como seu médico, especialmente hoje em dia. Não os subestime. Mande-lhes algo dizendo "Bem-vindo à Nossa Família". Ajude a confirmar que fizeram uma excelente escolha ao decidir selecionar você (e evite o remorso do comprador ao mesmo tempo). Uma poderosa ferramenta de marketing baseado na confiança, que criamos para nossos clientes, é o "Kit de Boas-vindas ao Novo Paciente". Ele surpreende os novos pacientes, faz com que se sintam valorizados e também age como um poderoso gerador de encaminhamentos!

3. **Nunca deixe o seu marketing ficar chato (ou ele será ignorado).** Cada peça de marketing que sua clínica utiliza, ou traz pacientes potenciais a um passo de fazer negócio com você, ou os repele. Se o seu marketing é maçante, sem vida, chato e parece exatamente o mesmo que todos os outros, você está confundindo os seus possíveis pacientes. Como eles poderão saber que a sua clínica cosmética é a melhor e aquela que devem escolher? Vá além dos limites e pare de se esconder atrás de uma marca corporativa sem personalidade. As pessoas adoram ser entretidas e adoram

receber coisas inesperadas – um vídeo engraçado com uma mensagem de vendas pungente; uma carta de vendas entregue em uma mini lata de lixo; um presente surpresa em agradecimento pela preferência.

Em resumo: não é difícil se destacar em seu mercado, porque a realidade é que as pessoas têm baixas expectativas. Não tenha medo de se introduzir no mercado de forma diferente. Mostre aos pacientes que você realmente se importa. Faça com que os pacientes se sintam valorizados.

Como Fazer Seus Pacientes Voltarem Sempre

Se você tivesse que adivinhar, quais seriam as quatro principais razões que os pacientes dão para não voltar ao seu consultório? (Dica: o preço não é uma delas!)

Está pronto para se surpreender? Aqui está, em ordem regressiva:

Razão Nº 4: Má experiência. Ou você não cuidou bem deles, ou tiveram alguma má experiência com um de seus funcionários, ou você deixou a bola cair em alguma coisa importante.

Razão Nº 3: Eles ficaram desapontados com os resultados do tratamento. Seu marketing pode ter sido excelente, mas a visão deles quanto ao resultado não correspondeu. Talvez eles tenham tido expectativas irreais desde o começo... quem sabe? Seja como for, resultados decepcionantes é apenas a razão Nº 3 para os pacientes não voltarem mais.

Razão Nº 2: Eles o trocaram por um outro médico. Ou você não promoveu seus serviços com suficiente regularidade, para que, quando estivessem prontos para procurar tratamento, lá estava você; ou você não estava a par das necessidades deles. Algum outro médico tinha um marketing melhor do que o seu – ele viu a abertura e *mergulhou* nela.

E, (tambores, por favor) – **a Razão Nº 1** por que seus pacientes desaparecem é: **eles se ESQUECERAM de VOCÊ!** Isso mesmo, a razão Nº 1 das pessoas não retornarem é porque elas se esqueceram de quem você é e o que você faz. Isso pode parecer inacreditável, dada a natureza importante de seu trabalho, mas é verdade. Todos nós estamos sendo bombardeados com ondas gigantescas de mensagens de marketing o tempo todo. A menos que você esteja constantemente diante dos seus pacientes, nutrindo cuidadosamente seu relacionamento com eles (aqui está, de novo, aquele Marketing Baseado na Confiança), eles se esquecem de você e vão para outro lugar.

Felizmente, este é um problema de marketing puro e simples que pode ser corrigido com uma receita de Marketing Baseado na Confiança regular e sistemático.

Você está chocado que o preço nem aparece nas quatro principais razões? A maioria de nós automaticamente pensa que, se os pacientes não retornam, deve ter sido porque estávamos cobrando muito caro, quando, <u>na verdade, é apenas porque não fizemos um marketing suficientemente regular, lembrando-lhes que estávamos aqui e como podíamos ajudá-los !</u>

<u>É fácil consertar isso!</u> Veja como:

Em primeiro lugar, decida em que ponto você consideraria um paciente como "perdido". Por exemplo, você consideraria um paciente que vem regularmente para Botox como "perdido" se não marcasse uma consulta por quatro meses. Para outros pacientes que vêm para um procedimento cosmético específico, eu os considero "perdidos" se não vierem à sua clínica por pelo menos seis meses.

Peça ao seu funcionário para verificar os pacientes que você atendeu nos últimos 12 meses (no mínimo), categorizar cada um quanto à época em que você precisaria vê-lo novamente e, então, colocá-los em uma sequência de pacientes ausentes que *sinalize* assim que um paciente não retorne na época esperada.

A mais eficaz campanha de marketing de "reconquista" vai ser uma campanha de mala direta, altamente personalizada, como o envio de um cartão postal do tipo "Sentimos Sua Falta". Faz muitos anos desde que eu encomendei meu último pote de creme para acne Proactiv, mas até hoje eu *ainda* recebo "marketing para clientes ausentes" da companhia Rodan & Fields.

Uma segunda opção é tentar recuperar o seu paciente através de uma campanha regular de e-mail. Para os nossos clientes que fazem parte do nosso *Marketing Concierge Program*™, criamos um e-mail mensal para os seus pacientes, conhecido como um *ezine* (boletim eletrônico). Embora sempre ofereça algo especial, o seu principal objetivo é desenvolver não só a confiança dos pacientes existentes mas também o relacionamento com os pacientes em potencial. Mantemos o formato simples – uma história pessoal ou narrativa do médico, seguida por uma oferta, por algum elemento de prova (como um depoimento, ou fotos do tipo "antes e depois").

Nós fazemos o acompanhamento com uma campanha de postais para "pacientes perdidos". Estas são as pessoas que ligaram para marcar uma consulta, mas nunca vieram; ou que cancelaram um tratamento, mas nunca remarcaram – bem como aqueles pacientes que o nosso cliente não vê há pelo menos seis meses.

Agora, aqui está o verdadeiro segredo para recuperar seus pacientes perdidos: a menos que você convide especificamente seus pacientes perdidos para voltar para você, a maioria não voltará, porque estão muito envergonhados!

Você precisa convidá-los calorosamente a voltar. Lembre-se de que um paciente com quem você já criou aquela relação de CONFIANÇA é, pelo menos, cinco vezes mais propenso a investir em tratamentos adicionais com você do que alguém que nunca esteve em sua clínica antes!

A Desastrosa Experiência
Do Spa De Beleza –
Três Coisas Para Nunca
Fazer Em Sua Clínica

Numa noite fria de outubro, eu saí para me dar um pouco de mimo (ou assim eu pensava). Um cliente tinha generosamente me enviado um vale-presente para o spa de minha escolha. Depois de fazer uma procura on-line, eu escolhi um "spa médico de primeira", que ficava há 30 milhas da minha casa e se vangloriava dos tratamentos antienvelhecimento tendo uma "celebridade como exemplo". Eu duvidava, mas as imagens de antes e depois em seu site eram as melhores da rede (note-se o poder da prova) e, com todas as madrugadas que eu tinha passado trabalhando, eu bem poderia usar um reparo milagroso para a minha pele.

Os problemas com este lugar começaram antes mesmo que eu entrasse no meu carro. Havia uns comentários não muito favoráveis que eu não tinha prestado muita atenção (eu estava ligada demais naquelas fotos) e, quando telefonei para reservar a minha sessão, fui informada pela fria recepcionista que todas as sessões requeriam uma consulta inicial obrigatória de 200 dólares.

Hein? Nada em seu site mencionava ter que marcar uma consulta antes de um tratamento.

– A taxa é reduzida pela metade, se você reservar o seu tratamento imediatamente após a consulta e o proprietário é o melhor guru de pele no estado – ela me tranquilizou.

Ok, é justo, mas, então, certifique-se de que o site traz uma mensagem consistente. Não me sentia entusiasmada com o lugar, mas, ainda assim, eu fui em frente e marquei a sessão.

Quando eu cheguei, me surpreendi com a localização do spa – não era exatamente o local sofisticado que eles fizeram parecer em seu site. O spa em si me pareceu apertado e bagunçado demais. Outro cartão vermelho.

Fui conduzida a uma sala do tamanho de uma caixa de sapatos, rodeada por luzes ofuscantes e espelhos (não se engane, você podia ver cada marca, linha e mancha na minha pele).

Em menos de dez segundos (um recorde para mim), um dos mais duros e manipulativos "upsells" (quando se tenta vender um outro produto além do combinado) que eu já presenciei começou.

Foi mais ou menos assim:

– Meu Deus, você tem algumas linhas na testa; você realmente deveria colocar Botox aí.

Hein? Eu nunca tinha notado, mas agora com certeza estou vendo.

Ela, então, colocou a minha pele sob uma lâmpada ainda mais forte e uma lente de aumento, mostrando, centímetro por centímetro, todos os lugares em que eu tinha problemas. A lista foi tão longa que, no momento em que o calvário acabou, eu senti que a única coisa certa a fazer seria usar um saco de papel na minha cabeça sempre que estivesse em público.

Então, ela chegou ao golpe final.

Eles poderiam personalizar para mim um programa específico para tratar a minha pele, obviamente sem brilho, com uma série de sessões semanais que me custariam apenas *dez mil dólares*!

Desculpei-me e saí daquele lugar o mais rápido que pude. Não me interessa se eles fazem milagres, a maneira como eles conduzem seu negócio é totalmente antiética, na minha opinião.

Como redatora de publicidade, eu estou bem ciente do poder que reside no marketing e como as palavras certas podem compelir alguém a fazer algo (ou não). Entender esses gatilhos psicológicos e o que induz as pessoas a comprar é como eu ganho a vida. É também a razão pela qual eu me recuso a aceitar um cliente em cujos produtos e serviços eu não acredito cem por cento e sei que as pessoas ficariam muito melhores sem eles. Eu tenho dito "não" a cassinos, empresas de tabaco e consultores financeiros (que não ousam investir seu próprio dinheiro nos fundos que compraram para seus clientes).

Eu escolho usar meus poderes de marketing para o bem.

Esta empresa optou por usar os seus poderes para o mal: através do emprego de técnicas de venda flagrantemente manipuladoras e de alta pressão.

Apesar de, externamente, esta empresa parecer bem sucedida, é apenas uma questão de tempo até que tudo isso lhes traga consequências negativas, independentemente do quanto são boas as fotos de antes e depois em seu site.

Aqui está o ponto-chave desta experiência para aplicar a qualquer negócio ou clínica:

Seja consistente – desenvolva, primeiro, um relacionamento. Toda essa minha experiência com o spa médico me fez lembrar o início dos anos 2000 – quando argumentos agressivos para vendas ainda eram tolerados. Acho que ninguém lhes havia dito que as regras de marketing mudaram muito. Trata-se de construir um relacionamento, em PRIMEIRO lugar, ponto em que este negócio foi um fracasso colossal. Agora, vamos combinar, não há muitas empresas que realmente entendam como fazer isso corretamente, mas se você não sabe nada, a única coisa para a qual não há desculpa é: não se importar. Nesta economia, o negócio que puder construir a relação mais forte com seus clientes ou pacientes é o vencedor. Eles têm os seguidores mais leais, as clínicas mais cheias e podem cobrar os preços mais elevados e desfrutar da melhor reputação entre seus colegas.

Em sua companhia ou clínica, nunca perca de vista o fato de que o patrimônio real no seu negócio é o seu relacionamento com as pessoas a quem você serve – que é mais efetivamente desenvolvido através do marketing que você usa e a experiência que você oferece.

Resumo: nunca use a venda sob pressão para fazer um paciente se comprometer com o tratamento. Sua função não é de vendedor – é fornecer aos pacientes soluções para seus problemas. Se você se encontra em uma situação de venda, isto simplesmente significa que o seu marketing não está fazendo um bom trabalho na construção de relacionamento com seus pacientes, para que eles quase já saibam o que querem antes de vir vê-lo. Lembre-se, desenvolva o relacionamento *antes*, e as vendas virão a seguir, naturalmente.

Criando Uma Experiência Tipo "Ritz-Carlton" Na Sua Clínica

A necessidade de anunciar sua clínica é bem óbvia. Mas, com todas as opções disponíveis, que tipos de publicidade são os mais eficazes, e como é que você rompe o alarido e a confusão de todos os outros para ser notado pelas pessoas que mais importam?

Enquanto uma grande campanha publicitária multimídia com múltiplas etapas, ou um vídeo viral inteligentemente escrito – ou qualquer outra forma de publicidade meticulosamente trabalhada – vai fazer isso por você, um dos mais poderosos meios de alcançar este objetivo pode ser resumido em sete simples palavras:

"Crie uma experiência *extraordinária* para o paciente."

A boa notícia é que isso não é tão difícil como parece – principalmente porque as expectativas foram colocadas tão lá embaixo por seus concorrentes. As pessoas se decepcionaram tantas vezes que já esperam por isso. Assim, quando uma empresa esclarecida faz algo além da conta para realmente proporcionar uma boa experiência ao cliente – a história se espalha como fogo.

Aqui estão alguns bons exemplos de empresas que superaram todas as expectativas:

CEO Chris Hurn e sua família estavam de férias, hospedados no Hotel Ritz Carlton, em Amelia Island, na Flórida. A girafa de pelúcia de seu filho, a queridíssima "Joshie", acidentalmente não foi colocada na mala para a viagem de volta à casa e ficou para trás. O menino ficou completamente inconsolável e Hurn, tentando tranquilizá-lo, disse-lhe que Joshie estava apenas "tirando mais uns dias de férias".

Quando o Ritz-Carlton telefonou para dizer que haviam encontrado Joshie, Hurn pediu se podiam tirar uma foto da girafa em uma cadeira de praia perto da piscina para poder reforçar a história que havia inventado.

O hotel fez isso – e ainda fez mais.

Eles não só devolveram Joshie junto com a foto solicitada, mas também enviaram um álbum completo com fotos de Joshie recebendo uma massagem no spa, fazendo um passeio no carrinho de golfe e fazendo amizade com outros bichos de pelúcia no resort. Eles até a tornaram um funcionário honorário e  emitiram para Joshie seu próprio crachá de identificação do Ritz-Carlton!

Esta é uma experiência extraordinária para o

cliente.

Outra grande história: um dos meus clientes é dono de uma pequena empresa de gestão de bens em Chicago. Ao rever alguns dados demográficos de seus clientes, notamos que um número significativo deles eram viúvas na casa dos 60 e 70 anos. Cada uma dessas senhoras agora recebe um grande buquê de flores da empresa todo "Valentine's Day" (o Dia dos Namorados americano), além de um pequeno presente no seu aniversário. Parece até que algumas delas acabaram de ganhar na loteria! Um gesto simples assim pode significar muito.

A conclusão é que qualquer empresa pode fazer alguém ganhar o dia com algo extraordinário. O extraordinário não tem que ser *grande* (embora possa ser, se você é uma pessoa *empreendedora* e está pronto para recoreografar a experiência de todos os seus pacientes do início ao fim). Pequenos atos inesperados de atenção podem levar ao extraordinário

É tudo uma questão de fazer seus pacientes, clientes, ou usuários, se sentirem *importantes*.

"Eu aprendi que as pessoas vão esquecer o que você disse, as pessoas vão esquecer o que você fez, mas as pessoas nunca esquecerão como você as fez sentir."

– Maya Angelou

Uma Lição De Marketing De Warren Buffet

O Profeta de Omaha tornou-se famoso por muitas coisas – ele tem 39 bilhões de dólares, mas opta por viver em uma residência humilde em Omaha, onde seu imposto predial não chega a 14 mil dólares (US$13,859). Em uma indústria cheia de falsas promessas e conversa fiada, a abordagem sensata de Buffet para viver a vida foi simplesmente aplicada, tal e qual, à sua abordagem para investir.

Ao estudar as empresas que Buffet compra, um dos maiores pontos em comum, presente em mais de 80% de seus investimentos, é a forma como essas empresas têm abordado o seu marketing. Dado que Buffet é um dos investidores mais bem sucedidos do mundo, é incrível que mais pessoas não investiguem os segredos de marketing de suas escolhas de investimento. Eu fiz isso e aqui está o que eu descobri:

Warren Buffet adora investir em empresas que contêm um alto componente de confiança – seja na forma como desenvolveram a sua marca, seja através da construção de um relacionamento pessoal com seus clientes (como Buffet fez com seus acionistas da Berkshire Hathaway), fazendo a abordagem do seu marketing com base na personalidade.

Em outras palavras, Buffet adora investir em empresas que realmente cuidam bem de seus clientes. Ele compra empresas confiáveis. Não o tipo que apenas faz uma rotatividade de clientes – ignorando os que já tem, em busca de novos alvos.

Aqui está uma pergunta poderosa para você refletir em seu consultório: como o seu relacionamento teria que ser para seus pacientes optarem por ficar com você, por toda a vida?

Inevitavelmente, uma grande parte da resposta vai ser a **confiança**. Tudo depende da forma como você aborda o seu marketing. A confiança é a camada protetora e tem que governar cada decisão que você toma no seu negócio, nunca se ajustando ou sacrificando em prol de qualquer outro objetivo. Apesar de ser um tema tão importante e digno de muito mais do que apenas um breve artigo, aqui estão três estratégias principais para incorporar a confiança em seu marketing:

1. **Certifique-se de que há total coerência entre o marketing que você faz da sua clínica e a experiência que os pacientes vivem quando entram pela sua porta.** Lembre-se de que a primeira "experiência" que seus pacientes têm de você não é quando pegam o telefone ou entram em sua sala de espera – é a primeira vez que têm contato com o seu marketing. Eu tenho visto tantos médicos perderem pacientes, ou porque o seu marketing é fantástico mas o pessoal da recepção deixa muito a desejar, ou porque seu site não foi atualizado em anos e é velho e desgastado.

2. **Seja prolífico com seu marketing.** Familiaridade e regularidade reforçam a confiança. Crie um plano de marketing que divida as suas atividades promocionais em eventos semanais, mensais e trimestrais. Assim como um relógio. Não use uma abordagem irregular para o seu marketing (ou seja, períodos de atividade frenética seguidos de... silêncio).

3. **Use mídia de alta confiabilidade e não de baixa confiabilidade.** Não requer absolutamente nenhum esforço clicar "enviar" em uma transmissão de e-mail que vai para milhares de pessoas. É preciso muito mais esforço, reflexão e compromisso para enviar uma mensagem direta que faz com que o recipiente se sinta "único no mundo". A mídia tradicional, como a mala direta, AINDA supera a publicidade digital quanto ao ROI. Não a abandone e corra o risco de fazer a sua clínica parecer idêntica a todas as outras.

Como Falar
Com As Mulheres
(E Por Que Seu Marketing
Tem Que Fazê-lo)

Recentemente, eu falei com um grupo de médicos sobre como homens e mulheres tomam decisões de compra de forma muito diferente. Contei esta história meio engraçada sobre um casal comprando o carro BMW 540i:

Depois de meses de pesquisa, este exigente casal finalmente encontrou o carro de seus sonhos. Correndo para a concessionária, eles sabiam que, dentro de poucas horas, estariam saindo de lá com mais de mil quilos de fino aço alemão.

O marido pulou atrás do volante, o vendedor ao seu lado. Eles falaram sobre torque e engenharia de desempenho. Até aí, tudo bem. O test-drive seguia fantasticamente. Mas, então, a esposa, sentada no banco de trás, notou algo que realmente a incomodou. Parecia tão trivial, mas quanto mais pensava naquilo, mais se aborrecia. Então, estremecendo interiormente diante do escárnio que provavelmente viria do banco da frente, ela perguntou ao vendedor:

— Então, o que aconteceu com os suportes para

copos?

O vendedor lhe lançou um olhar de desdém e disse: – Estão bem aí.

– Sim – ela respondeu – mas eles são tão pequenos... E aquelas garras parecem frágeis demais. De jeito nenhum eles vão segurar uma caneca de café.

Silêncio mortal no banco da frente. O marido tentou a todo custo se manter sério.

– Bom, isso é porque os europeus não têm o hábito de comer e beber dentro do carro – retorquiu o vendedor secamente.

– É verdade, mas eu tenho – insistiu a esposa, acrescentando: – e meus filhos também.

Outro olhar irritado do vendedor.

– Bem, vocês podem segurar os copos com as pernas.

Fim de papo.

MRS FOSTER.. LIPOSUCTION IS A COMPLEX SURGICAL PROCEDURE... YOU SHOULD NEVER HAVE TRIED IT WITH A HOOVER!

O vendedor foi para casa naquele dia sem ganhar nada e a equipe marido-mulher foi para casa sem o carro novo, apesar de que o fracasso do casal foi apenas temporário.

Depois de fazer algumas pesquisas on-line, eles descobriram que aqueles suportes patéticos para copos eram uma queixa comum de muitos proprietários do BMW. A solução foi comprar um acessório para corrigir o problema. Felizes por terem uma solução para o problema, a equipe de marido e mulher voltou a uma concessionária diferente e, desta vez, chegou em casa com seu novo Beamer.

Você não é o único, se está lendo e pensando que parece muito estúpido que um negócio de 50 mil dólares possa ir para o espaço por causa de alguns frágeis suportes para copos. Mas o vendedor de carros cometeu um erro muito comum (e muito caro) ao supor que a mulher não tinha nada a dizer na decisão de compra. De acordo com as estatísticas mais recentes, não só a maioria das mulheres *influenciam* 80% de todas as compras de carro, mas elas também *compram* a maioria dos carros (incluindo caminhões).

Seja bem-vindo à *nova era econômica*, meu amigo. Há dois sexos na raça humana e um deles faz a maioria das compras.

As mulheres são responsáveis por 85% de todas as compras dos consumidores:

91% de novas casas

66% dos computadores

92% das férias

85% das decisões sobre planos de saúde

89% das contas bancárias

93% dos alimentos

90% dos seguros, investimentos e planos de aposentadoria

(Porcentagens de mulheres que participam das decisões que afetam planos de aposentadoria e investimento da família.)

As mulheres também são as *maiores* consumidoras on-line. **22% das mulheres realizam compras on-line pelo menos uma vez por dia.**

Fonte: Mindshare/ Ogilvy & Mather

Mas eis aqui a questão.

A maioria do marketing é voltado diretamente para o consumidor do sexo masculino, apesar de serem as mulheres que tomam a maior parte das decisões de compra. Mesmo para produtos considerados tradicionalmente para os homens, como desodorantes, vestuário masculino e, sim, até mesmo o seu caminhão Duramax 6.6L V8 turbo-diesel.

Como um *negociante*, aqui está o que é mais importante para você perceber: as mulheres tomam decisões de compra de forma muito diferente dos homens. As mulheres preferem os benefícios práticos aos recursos. Elas não se importam com quantos ajustes tem um freezer – elas querem saber se é grande o suficiente para armazenar toda a pizza congelada. Os homens, por outro lado, tendem a adorar ajustes e configurações.

As mulheres são ligadas nas histórias. Elas querem sentir uma conexão, uma empatia, com a empresa da qual está comprando. Contar a história de uma empresa ou de um produto pode ser uma ferramenta de vendas muito poderosa. Os homens, por outro lado, são mais influenciados por fatos e números. *Dê-me as informações e eu tomarei a decisão.* As mulheres querem saber *quem* você é, em primeiro lugar, antes de decidir se vão querer alguma coisa vinda de você. As histórias *também* são muito poderosas quando se vende para os homens, mas, normalmente, só para demonstrar resultados.

Para as mulheres, é muito mais uma questão de relacionamento. O que você está oferecendo é bom para as crianças? Para o resto da família?

Estas são apenas algumas diferenças críticas que você precisa levar em consideração quando estiver criando o seu marketing. Cada vez mais as grandes empresas estão percebendo quem controla a carteira e estão lutando para mudar o seu marketing e o seu modo de fazer negócios para se adaptar a isso. A Lexus oferece massagens gratuitas enquanto trabalham no seu carro e, em caso de defeito, têm uma equipe local de resgate e conserto. A construtora de casas Ryland Homes mudou completamente o seu modelo de casa para visitação, fazendo com que o quintal pudesse ser visto da cozinha e de todos os espaços habitáveis da casa.

Lição Final

Marketing para as mulheres não significa a exclusão dos homens. Trata-se de uma compreensão mais profunda do seu mercado-alvo e, especificamente, como fazer com que sua mensagem desperte um sentimento e estimule a ação de uma pessoa, seja de cromossomo XX ou XY.

Evite qualquer estratégia de marketing que se baseie em clichês ou estereótipos. A mala direta em um envelope rosa não vai lhe trazer novos pacientes do sexo feminino. As campanhas publicitárias que falam exclusivamente aos homens vão alienar as mulheres, e vice-versa. Em vez disso, foque em desenhos e embalagens de gênero neutro, como faz a Apple. Fique longe de insultos, não simplifique demais as preferências dos pacientes e evite generalizações sobre eles.

Tornar-se o top médico em seu mercado exige que você use recursos de marketing que apelem para *ambos* os sexos – separadamente.

Você Está Usando Marketing Carregado De Emoção Para Conseguir Mais Pacientes?

Outro dia eu estava passando os olhos em uma das revistas de negócios das quais sou assinante. Foi domingo de manhã e, com uma xícara de café nas mãos, eu estava apenas folheando a revista, calmamente. Na parte inferior de uma página, me chamou a atenção um pequeno artigo sobre as mulheres chinesas e seus "problemas de pelo no corpo". Intrigada, eu continuei a ler. Acontece que as mulheres chinesas não têm problemas de pelo no corpo; pelo menos não tinham até a empresa por trás do creme de depilação Veet decidir lançar o seu produto na China, em 2005.

Infelizmente para a empresa, as vendas estavam lentas. O produto foi considerado muito caro e seu tamanho muito grande. O maior problema? *A maioria das mulheres chinesas têm muito pouco pelo no corpo e aquelas que têm não se preocupam com isso.*

Então, a empresa mudou sua estratégia de marketing. Ela começou a veicular anúncios associando uma pele livre de pelos com beleza, saúde, confiança e "esplendor". No processo, a empresa tornou todas as mulheres chinesas mais conscientes de cada pelinho.

"Educando" assim suas clientes e incentivando a "pelofobia", a Veet é agora a marca que mais cresce na China para sua empresa-mãe, a Reckitt Benckiser. As vendas de removedores de pelos na Ásia estão crescendo 20% ao ano, quase o dobro em comparação às lâminas de barbear femininas.

Esta estratégia de marketing de fazer as mulheres se concentrarem em seus defeitos não é nova. Na verdade, é bem antiga, mas aqui está a razão pela qual é tão eficaz (e não apenas com as mulheres – mas com todos).

Todos nós tomamos nossas decisões de compra dependendo do que um anúncio, promoção ou produto nos faz **sentir**. Não por aquilo que ele vai fazer por nós.

Como seres humanos, todos nós já somos programados para querer as mesmas coisas. Não podemos evitar – está em nosso DNA. Queremos coisas tais como, mais saúde, mais dinheiro, popularidade, melhor aparência, elogio dos outros, mais conforto, mais tempo de lazer, uma vida feliz. Se a sua campanha de marketing puder atiçar o interesse das pessoas, apelando para um desses desejos profundos – você descobriu ouro.

Não faz nenhum sentido que as chinesas (que são, possivelmente, as menos "peludas" entre nós) se tornem as usuárias de creme de depilação em mais rápido crescimento. As chinesas não estão comprando com base em um sentido lógico. Elas estão comprando por causa de seu desejo por uma melhor aparência e vida feliz. Elas querem se *sentir* bonitas através da compra do produto.

E isso não é só "coisa de mulher".

Os homens compram da mesma forma. Pense no seu vizinho, que vai e compra uma picape Chevrolet Silverado nova, totalmente equipada. Ele diz a si mesmo que é porque o carro tem uma capacidade e tanto de reboque e uma caçamba longa, que vai proporcionar mais segurança para a família. Mas sua verdadeira decisão de comprar é emocional – ele adora a forma como esta grande e nova picape o faz *sentir*. Durão. Forte. Poderoso. Ele gosta de receber a aprovação de seus amigos e vizinhos, que assistem com admiração quando ele passa dirigindo. Ele ama a emoção no rosto dos seus filhos quando eles entram na cabine e comem com os olhos todos os botões brilhantes e curtem os assentos de couro.

A aplicação para sua clínica é esta: para poder criar um marketing realmente poderoso, você precisa carregar suas vendas com emoção – não com lógica. No final das contas, como seres humanos, todos nós queremos as mesmas coisas: nos sentirmos bem com nós mesmos e sermos felizes.

Então, se as pessoas não estão se animando a investir em seus tratamentos, é provável que a razão não seja nada além de você estar promovendo *de modo errado*. Marketing emocionalmente carregado é o caminho mais rápido para "suscitar" desejo. É o gatilho real que leva as pessoas a comprarem.

Como disse Mark Twain: "Há duas razões para um homem comprar algo. A razão que ele vai te dar... e a razão verdadeira!"

Uma Lição De Marketing Clínico De Um Médico Fumante E Maya Angelou

Dê uma olhada neste clássico anúncio que encontrei na Internet.

Nossa! Como os tempos mudaram – e os anúncios também!

Algumas coisas, entretanto, não mudaram; em publicidade, especificamente, os mesmos desejos humanos básicos precisam ser realizados hoje tanto quanto há 50 ou 150 anos: mais saúde, melhor aparência, elogio dos outros, promoção social, e por aí vai.

A grande escritora americana Maya Angelou, que faleceu em maio de 2014, tinha esta grande citação, que se aplica ao seu marketing clínico, tanto quanto às nossas vidas:

"Eu aprendi que as pessoas vão esquecer o que você disse, as pessoas vão esquecer o que você fez, mas as pessoas nunca esquecerão como você as fez sentir."

O marketing realmente eficaz evoca sentimentos. Não se trata apenas de tornar seu nome conhecido, mas fazer os seus possíveis pacientes sentirem algo que, em seguida, os leve a agir – o desejo de uma aparência melhor para o casamento da filha, por exemplo, um desejo de NÃO se parecer com a mãe quando ela tinha aquela idade.

Será que este anúncio de cigarro provocou sentimento lá na década de 50, quando foi veiculado? Claro! Na verdade, foi uma das campanhas publicitárias de maior sucesso da companhia Camel. É uma declaração sobre classe, sobre sofisticação. Ele se dirige ao desejo mais íntimo que todos nós temos de ganhar a aprovação das outras pessoas. *Ele evoca sentimento.*

A pior maneira de promover a sua clínica é usar um marketing que não evoca sentimento, que é simplesmente baseado em fatos. As pessoas não compram com base em fatos. Nós compramos com base em sentimentos e, depois, justificamos com os fatos (se você não acredita, basta olhar todos os carros de luxo que estão nas ruas – os carros nos levam do ponto A ao ponto B – se todos nós comprássemos com base em fatos, estaríamos todos, provavelmente, dirigindo carros baratos). As pessoas não vão escolher sua clínica necessariamente porque as suas qualificações são superiores às dos seus colegas. Elas certamente vão usar as suas qualificações como justificativa, uma vez que tomem uma decisão, mas elas estão muito mais propensas a decidir com base no material mais leve – como você aparece em seu site e se você parece ser uma pessoa boa, que trabalha com sinceridade.

O pior tipo de marketing que você pode usar para sua clínica é aquele que não faz a pessoa *sentir* nada. É chato. É sem graça. É... bem, é fácil de ignorar.

Quando você estiver indo para casa hoje à noite e durante o fim de semana, comece a prestar atenção aos anúncios que você vê e reflita sobre o tipo de emoção que eles evocam. E o mais importante, preste atenção às coisas que *você* compra e se pergunte: "O que *realmente* me levou a comprar isto?" Você poderá se surpreender com a resposta.

Marketing: Como Vencer O Fantasma Dos Preços

A definição dos preço é algo muito difícil entre praticamente todos os médicos de clínicas particulares

Isso porque, quando você começou em medicina estética, você, provavelmente, não tinha ideia do quanto cobrar, mas foi informado de que há "normas" de mercado – quantias que as pessoas vão, e não vão, pagar.

Então, você deve ter seguido o conselho dado pelas empresas de equipamentos médicos e deve ter dado uma espiada no que a concorrência estava cobrando – assim, se você é como a maioria dos médicos, você cobra mais ou menos o mesmo **ou, o que é mais comum, cobra menos do que a concorrência**, para fazer os preços parecerem atraentes.

Há duas grandes falhas com esta estratégia...

Primeiro, se você deixar o mercado ditar os preços que você cobra e *como* você cobra – então você está efetivamente deixando outras pessoas definirem a sua renda.

Uma vez eu fiz um trabalho de consultoria para uma empresa de impressão que me disse que eles não poderiam alterar os seus preços porque havia diretrizes do setor para "estabelecer" seus preços! Hein?!

Você é o dono do negócio!

Você é o capitão de seu próprio navio!

Uma das GRANDES vantagens de trabalhar por conta própria é que não temos que jogar pelas regras de qualquer outra pessoa. Não há nenhum patrão respirando no nosso pescoço, observando quanto tempo dura a nossa hora de almoço, ou decidindo se *merecemos* aumento de salário.

Agora, você também terá de fazer as regras, incluindo quanto VOCÊ acha que seus serviços valem. Lição 1: não deixe que ninguém lhe diga qual deve ser o "preço" de seus tratamentos e procedimentos e determine o seu rendimento.

E agora, o segundo problema. A maioria das clínicas de medicina estética só conhecem uma maneira de promover o seu negócio – com base no preço. Ser o mais barato no seu mercado é uma posição muito perigosa, muito estressante e muito instável para o seu negócio. Aqui está o porquê:

1. Porque alguém "mais desesperado e mais faminto" do que você SEMPRE pode minar seus preços. Ter a proposta de valor que você é o mais barato nunca funcionou a longo prazo para nenhum negócio (talvez com exceção do Walmart, que se tornou o gorila da "barateza"). Preço baixo é uma receita para o desastre.

Se você já tiver promovido sua clínica como sendo a de menor custo e, de repente, o seu concorrente tiver problemas para pagar as contas, ficar desesperado e oferecer preços ainda mais baixos – você vai ficar em apuros. Ou você vai ter que continuar cortando seus preços – trabalhando mais por menos – para manter a integridade de sua proposta de valor; ou você terá que encontrar uma maneira melhor, diferente, de promover sua clínica, depressa!

2. Em segundo lugar, as pessoas que fazem compras na extremidade inferior do mercado são muitas vezes os piores tipos de pacientes para ter. Elas são normalmente de alta manutenção, fazem muito drama e não apreciam você, suas habilidades e conhecimentos, nem a sua equipe. E estão sempre tentando conseguir de você um menor preço. Deixe que os outros médicos cuidem desses pacientes – não você!

"This nip and tuck business – can I have the tuck without the nip?"

Eu estava na loja Tractor Supply outro dia, comprando alimento para cavalo, e vi um caminhão de paisagismo com este slogan do lado: "Ninguém vende por menos. Nós garantimos o menor preço de todos."

Ficou óbvio para mim que aquele cara tinha visto alguma grande empresa (provavelmente Walmart) usar esse tipo de estratégia de marketing. E ele, certamente, pensou que fazia sentido que ele fizesse o mesmo, sem perceber a horrível armadilha em que estava caindo. A culpa não é dele – muito provavelmente, ninguém lhe mostrou uma maneira melhor de promover o seu negócio.

Agora, aqui está um segredo realmente grande.

Nem todos compram baseados no preço.

Na verdade, nem mesmo a maioria das pessoas se baseia no preço.

É por isso que você pode dirigir num bairro humilde e ver televisores com as maiores telas que você já viu. É também por isso que temos tantas lojas que *não* são de 1,99.

Mas eis a questão.

Para não ser pego servindo a extremidade inferior do mercado, você tem que fornecer boas razões *por que seus pacientes nunca devem comprar baseados no preço, e por que seus serviços são muito melhores.*

Porque, se você não fizer isso, as pessoas vão sempre acabar por decidir pelo preço, pois fomos todos programados assim. Você vai precisar convencê-las a agir de outro modo.

Isso não é fácil de conseguir, razão pela qual tantos empresários lutam com o seu marketing.

E é por isso que eu passei quase um terço do meu *Sistema de Marketing Baseado na Confiança* (um recurso de marketing criado para clínicas cosméticas) explicando como criar *valor real para seus pacientes* e levá-los a ficarem felizes em pagar mais, *mesmo a preços muito superiores aos da concorrência.*

Em termos simples – você cria valor através da força da publicidade que usa para descrever seu tratamento ou procedimento, e da quantidade de *emoção* que evoca.

Deixe-me dar um exemplo – como vender uma camisa de 39 dólares por 89 dólares.

Imagine isso:

Você está folheando as páginas de um elegante catálogo de moda, que chegou pelo correio naquele dia.

As páginas ainda estalam ao serem tocadas, e você nota como as ilustrações são vibrantes, cativantes até. Você passa os olhos e algo lhe chama a atenção.

Uma pasta de couro tradicional no estilo europeu. Seu couro suave parece acenar para você. Encaixes de bronze reluzindo ao sol remetem a uma era passada. É o tipo de pasta que teria sido informalmente jogada no banco de trás do carro de seu pai (um Vintage Porsche 911), talvez com um romance de Hemingway ainda não lido dentro.

"Hum... talvez..." você murmura para si mesmo.

Você passa lentamente para a outra página.

Seus olhos se paralisam em uma camisa azul levemente delineada, as mangas arregaçadas até a metade, a bainha soprando suavemente no ar fresco da primavera.

Você lê a descrição:

Camisa Montana

Ele foi a Great Falls no outono de 1880, um outro garoto rico da cidade grande. Os moradores locais cochicharam: – Montana não é St Louis. Uma vez que o brilho se apague, ele irá embora rápido como um raio.

O "brilho" se apagou.

Ele ficou.

Ele tentou criar ovelhas; perdeu cada ovelha do rebanho. Tentou caçar; resultado semelhante. Ele viveu algum tempo com os índios Sangue. Aprendeu sozinho a pintar.

Ele não lutou com as questões existenciais; não sabia que existiam. Ele pintou o que estava ao seu redor. Ursos, búfalos, ladrões. Vida.

Em suas próprias palavras: "Eu sou um ilustrador. Há muitos melhores, mas alguns piores. Qualquer um que possa ganhar a vida fazendo aquilo que gosta tem sorte e eu sou um deles."

Homens como ele não existem em grupos. Você os encontra um de cada vez.

Uma camisa Montana (Nº 3682). "Eu a fiz com puro linho de fios tingidos e, com observação atenta, um padrão quadriculado muito pequeno, porque foi uma sensação que tive. Os botões são perolados. Costuras duplas. Punhos angulares com dois botões ajustáveis e costura superior. Bainha da fralda com reforços na lateral."

Tamanhos masculinos: P, M, G, GG, XG

Cores: Azul Espaço Aberto

Preço: US$89

E assim, caro leitor, é que se vende uma camisa, que normalmente seria vendida por uma mera fração do preço, por muito mais dinheiro. Às escuras. Paga com alegria.

A força do seu texto de venda é tudo, mas, por favor, note que isso não é *nada* se você também não *garantir* o "discurso do marketing" com uma experiência correspondente para o paciente.

O seu sucesso se resume a essas duas coisas simples: ter grande marketing e criar *valor real* para seus pacientes a partir da *experiência* que eles têm com você. Quando você tem essas duas coisas trabalhando a seu favor, sem problemas, em sua clínica, então você pode estabelecer qualquer preço que deseje e, na verdade, o céu é o limite!

Cinco Dicas Para Aumentar O Número De Consultas

Você investe um monte de dinheiro no marketing de sua clínica para que seu telefone toque bastante. O seu pessoal da recepção está fazendo tudo que pode para que você tenha o máximo de consultas possíveis?

Use esse roteiro útil para conseguir mais consultas e aumentar o ROI de seu marketing:

1. ***A sua recepção atende o telefone após três toques no máximo?***

   Se a resposta é SIM, ótimo! Se é NÃO, há ampla evidência mostrando que você pode estar perdendo até 25% dos que telefonam, pois não querem deixar recado na caixa postal. Ai...

   "I heard raising your grandkids can help keep you young. Please tell me there's an easier way."

   Uma solução simples é ter um funcionário para atender

o telefone, diferente daquele que recebe e libera os pacientes. Mantenha essas funções separadas.

Atender o telefone e marcar novas consultas são coisas muito importantes para a sua clínica para se diluírem com outras funções. Quando os telefones não estiverem tocando, este funcionário deverá acompanhar ativamente outras questões – telefonar para pessoas que não marcaram uma consulta, ou mesmo ligar para pacientes apenas para manter contato e ver como eles estão passando (você vai se surpreender como pequenas ações para mostrar aos pacientes que você realmente se importa vão explodir seu número de encaminhamentos). Se você não tem pessoal suficiente para ter uma pessoa atendendo o telefone e outra lidando com os pacientes, então é preciso ser extremamente agradável com quem está telefonando. Em vez de colocá-los em espera durante dois minutos, é melhor oferecer para retornar a ligação, o que deve ser feito sem demora.

2. *Seus funcionários usam um script comprovado?*

Muitos médicos com quem trabalho me disseram que seus funcionários têm um script e o usam – mas procurando a clínica como "cliente espião" e marcando uma consulta – eles se chocam ao saber o que seus funcionários estão realmente dizendo no outro lado da linha. Há uma razão para que os melhores vendedores do mundo dependam de scripts. Eles funcionam. Se seu pessoal não está usando um script, você está perdendo pacientes. Se você não tem um script para seus funcionários usarem, por favor, ligue para nosso escritório e ficaremos felizes em lhe enviar um de nossos mais eficazes scripts.

3. *Seus funcionários são avaliados quanto ao número de consultas marcadas?*

Isto é muito sério. Tenho certeza de que você tem uma equipe maravilhosamente responsável, que é muito diligente ao atender as ligações e retorná-las. Porém, se você não tiver tanta sorte, a maneira mais rápida de corrigir isso é ligar remuneração com número de consultas marcadas. Esta é uma métrica fácil de acompanhar e pode ser mantida visível por meio de um simples quadro branco na sala de descanso. Defina metas semanais e mensais e você pode dar ao funcionário um pequeno bônus quando as metas forem atingidas ou excedidas; ou considerá-las em sua avaliação anual.

4. *Você usa um serviço de atendimento ao vivo para que as pessoas nunca sejam enviadas para a caixa postal?*

Enquanto as grandes empresas tentam cortar custos e reduzem a qualidade do serviço que oferecem, a sua clínica pode realmente se destacar ao fornecer um serviço de nível superior – por exemplo, garantindo que os pacientes sempre falem com uma pessoa real cada vez que telefonarem, e nunca sejam deixados esperando, ou mandados para a caixa postal.

5. *Você acompanha todos os telefonemas que a sua clínica recebe?*

Você pode se surpreender ao ver quantas pessoas desligam ou estão ligando depois do horário. Isto lhe dará dados valiosos sobre como aumentar a conversão de chamadas. Se mais pessoas estão ligando depois do horário, conecte-as com uma pessoa que vai tomar suas informações e responder às suas perguntas. Se muitas pessoas estão desligando, mande seu funcionário retornar essas ligações (uma bina lhe mostrará seus números) e dizer algo como: "Vimos que você telefonou para a nossa clinica e sentimos muito por perder a sua ligação. Podemos fazer alguma coisa para ajudá-lo?" Pouquíssimas clínicas médicas se preocupam em fazer isso, no entanto, esta é uma grande oportunidade.

Pequenas dobradiças abrem grandes portas. Fazer com que seus funcionários melhorem os índices de conversão de chamadas é uma grande oportunidade de aumentar a receita de sua clínica e maximizar o seu ROI de marketing.

Um E-mail Para Não Mandar A Possíveis Pacientes

A história que eu estou prestes a lhe contar é altamente constrangedora, porque é o pior exemplo que eu já vi de como NÃO se deve enviar um e-mail, e vem do meu país, a Nova Zelândia. Esta história tem rodado pela mídia mundial, incluindo Yahoo, AP, Reuters, BBC e muitos blogs (incluindo o meu), que continuam a recontá-la, mesmo já tendo acontecido há alguns anos.

Eis o que aconteceu.

Uma advogada da Nova Zelândia chamada Paula Brosnahan, 33 anos, e seu noivo, Steve Hausman, de 36, estavam procurando um local onde realizar seu casamento. Depois de visitar vários, eles finalmente decidiram fazer seu casamento no topo de um penhasco, na pequena cidade de Whangaparaoa (com uma vista de tirar o fôlego, ao norte de Auckland). Continuando o planejamento, o casal solicitou um orçamento para alugar uma grande tenda de uma empresa chamada "The Great Marquee Company". Eles haviam visitado o site da empresa, visto as fotos e marcado um horário para avaliar a tenda em Devonport, onde moravam.

Depois de inspecionar a tenda, eles decidiram que não era bem o que queriam. Então, eles mandaram por e-mail uma resposta gentil para a empresa dizendo que iriam continuar sua busca pela tenda certa.

Aqui está o que disseram: "Paula e eu fomos ver a configuração de sua tenda em Devonport... infelizmente, nós não gostamos... agradecemos a sua atenção e lamentamos que não tenha dado certo."

A resposta que receberam da gerente da empresa, Katrina Jorgensen, foi chocante: "Seu casamento parecia barato, desagradável e brega mesmo, por isso sabíamos que vocês só desperdiçavam nosso tempo. Nossas tendas são para clientes de alta classe que, infelizmente, vocês não são. Por que vocês não ficam dentro de seu nível social e compram alguma coisa da "Payless Plastics"? (Esta loja vende artigos a preços populares.)

Ai...

Aquela única resposta por e-mail da gerente, sem dúvida, tinha sido enviada quando ela estava tendo um mau dia. Agora ele já circulou por todo o mundo e foi lido por centenas de milhares de pessoas, talvez milhões. No dia seguinte, o proprietário demitiu a gerente (que, por sinal, era a sua *esposa*) e praticamente de um dia para o outro a sua empresa faliu.

Qual é a lição? Graças à tecnologia, toda e qualquer comunicação que você tenha com um paciente ou um paciente em potencial pode rapidamente tornar-se viral. Não apenas e-mails. Telefonemas podem ser gravados, cartas podem ser digitalizadas.

O que deveria ter sido um e-mail "privado" acabou se espalhando pela rede e destruiu um negócio, tudo porque um funcionário estava de mau-humor com um cliente e deixou isso transparecer no e-mail.

Imagine se fosse um funcionário seu na sua clínica!

Se você disser: "Meu pessoal nunca faria isso", releia o exemplo acima e lembre-se... a gerente era a ESPOSA DO PROPRIETÁRIO!

Tome uma atitude: se você ainda não tem "regras de engajamento" para a escrita de comunicações a pacientes, faça-as agora. QUALQUER funcionário seu tem o poder imediato de criar um problema como o descrito acima. Eu aconselho meus clientes a terem uma pasta com exemplos de comunicações para o pessoal do escritório seguir.

Além disso, entenda que e-mail é sólida documentação – se você não está disposto a ver alguma coisa transmitida para o mundo, não a coloque em um e-mail. "Reencaminhar" é sempre muito fácil e arrisca transmitir qualquer coisa que pode comprometer o seu negócio.

Apesar de não haver regras padrão para e-mail e ele ser considerado "informal", assegure-se de que tanto você quanto a sua equipe se comunicam de uma maneira profissional, em todos os momentos, através de e-mail ou de qualquer outra forma, porque você nunca sabe quem vai ver, ler ou ouvir sua mensagem.

Resumo: certifique-se de que seus funcionários estejam treinados em um protocolo de comunicações, e se você ainda não tem um, envie um e-mail ao nosso escritório para obter uma cópia que você possa usar. Qual é o procedimento para enviar e-mail a pacientes? Qual é o processo para lidar com reclamações? Quem está autorizado a responder aos pacientes em nome do médico, e que meios você tem para garantir que algo assim nunca aconteça na sua clínica?

Sete Dicas Para Escrever E-mails Que Não Serão Ignorados

Todos nós sabemos que a maioria das pessoas olha para sua caixa de e-mails com o dedo já pronto para deletar. Aqui estão sete dicas para garantir que os e-mails que você manda aos seus pacientes serão realmente lidos.

1. **Comece com uma linha de assunto que desperte a curiosidade.**

   A linha de assunto é a parte mais importante de seu e-mail. Que seja curta – sempre recomendo de sete a dez palavras no máximo, tentando incluir alguma coisa de interesse:

   - Um Simples Erro de Vendas Que Está lhe Custando Rios de Dinheiro

   - Dobrar sua Renda? Use este Segredo de Marketing

   - Três Dicas Secretas para Livrar seu Negócio da Recessão

2. **Personalize seus e-mails.**

   A maioria das pessoas escreve e-mail para

mandar em massa – não comunicados pessoais escritos para um indivíduo. Uma das coisas mais desestimulantes ao abrir um e-mail é ver que foi mandado para "todos". Ao escrever seu e-mail – mesmo que *realmente* esteja sendo mandado em massa, assegure-se de que soa como uma conversa amigável que você teria com o leitor enquanto tomam um cafezinho.

3. Deixe claro de quem vem o e-mail.

Ao escrever e-mails para serem usados pelas clínicas de nossos clientes, reparamos que as repostas podem até dobrar se o e-mail parecer ter sido mandado pelo próprio médico, em vez de outra pessoa ou em nome da clínica. Tente isso quando mandar boletins eletrônicos e veja o que acontece!

4. Faça do seu e-mail uma leitura irresistível.

Muitas vezes me perguntam de que tamanho deve ser um e-mail. Ele, simplesmente, deve ser tão longo quanto necessário para contar a sua história ou passar a sua mensagem. Qualquer um que lhe diga: "quanto mais curto melhor", claramente *não* entende o poder do bom material escrito. Se alguém está lendo um bom e-mail, assim como um bom livro, vai continuar devorando cada palavra e não será capaz de interromper. O velho ditado de vendas "quanto mais você diz, mais você vende" é bem verdadeiro – mas tem que ser uma leitura interessante.

5. Simplifique.

Esqueça modelos de e-mails elaborados e cabeçalhos extravagantes. Sem dúvida, os e-mails que geram a melhor resposta são os que parecem ter sido compostos como um e-mail pessoal – de você para mim. Letras pretas simples (nada de muitas cores). E não adicione mais de um anexo. (Com exceção dos ezines, os boletins eletrônicos, é claro, quando você deverá usar um template de boa aparência).

6. Fale de benefícios, não de características.

Uma característica é: "Nossa luminária contém seis diferentes níveis de luminosidade". O benefício é: "Você não vai cansar seus olhos com uma luz intensa, o que lhe permitirá ler por períodos de tempo mais longos". Uma característica é: "Nossa cirurgia ocular não é invasiva e permitirá que você volte ao trabalho logo após o seu tratamento". O benefício é: "Ninguém vai saber que você fez qualquer procedimento, mas vão notar como você está bem!"

7. Sempre inclua instruções claras que resultem em ação.

Quanto mais simples melhor, por exemplo: "Clique aqui ou ligue para nós e..."

Cinco Armadilhas do Marketing Digital A Evitar Em Sua Clínica

Se você está cansado de ser perseguido por agentes publicitários vendendo espaço para propaganda – você certamente não é o único. Eu vivo e respiro marketing de clínicas médicas e até *eu* fico surpresa com o número de telefonemas que nosso escritório recebe de representantes que tentam chegar aos nossos clientes. Eles geralmente querem empurrar a "mais atual forma de mídia digital", suas propostas são vagas e a medição do chamado sucesso é ainda mais vaga.

O marketing digital realmente virou uma febre. Todo mundo está fazendo, mas muito poucas pessoas sabem como fazê-lo bem. Aqui estão cinco das mais comuns armadilhas do marketing digital das quais eu vejo os médicos serem vítimas, quando se trata de marketing médico pela Internet:

Armadilha Nº 1: Anúncios Digitais que Direcionam as Pessoas para um Site de Baixa Qualidade

Seu site é a pedra fundamental de TODO o seu marketing (on-line e off-line). Se você está investindo uma nota em anúncios digitais e as pessoas estão sendo encaminhadas para um site que é lento para carregar, confuso para navegar e/ou parece ultrapassado – você está jogando seu dinheiro fora. Com a rápida evolução do marketing digital, o seu site precisa passar por uma renovação extrema, uma vez a cada três anos, além de ter conteúdo novo e envolvente postado várias vezes ao mês. Se você está no negócio de beleza – a última coisa de que você precisa é um site que seja o *patinho feio*.

Armadilha Nº 2: Usar Anúncios Digitais que Promovem Imagem ou sua Marca

O marketing digital é exatamente como o marketing off-line. As mesmas regras se aplicam – ou seja, se você quiser que os seus possíveis pacientes ajam agora e peguem o telefone para ligar para a sua clínica, você tem que lhes dar uma boa razão para fazê-lo. Mostrar-lhes uma imagem bonita não vai adiantar. Dar-lhes uma oferta irresistível, *sim*. Os possíveis pacientes não se preocupam com a beleza do seu logotipo, ou como é atraente a modelo com cabelos ao vento. O que eles realmente querem saber é <u>como você pode ajudá-los</u>.

Armadilha Nº 3: Não Ter uma Ideia Clara do Sucesso Esperado

Ontem eu estava ao telefone com um médico que possui clínicas estéticas em múltiplos endereços, com receita que ultrapassa os 20 milhões de dólares. Ele estava frustrado com a sua agência de marketing atual, porque, como ele mesmo disse, "eles não me dão uma resposta direta sobre nada. Como é que eu posso saber se nossas campanhas digitais são boas cu não?" Um comentário justo. A boa nova é que isso é muito mais fácil do que você imagina. Uma das grandes coisas sobre o marketing digital é que ele é cem por cento mensurável O objetivo é conseguir duas coisas simples:

1. Cliques no seu anúncio.

2. Ligações para sua clínica.

E nessa ordem. Você vai ter muito mais cliques no seu anúncio do que telefonemas. Isso é normal. O primeiro e mais importante objetivo é sempre conseguir o maior número possível de cliques, que chamamos de *conversões*. Mas o que é considerado um bom número de conversões? Veja bem, há muitos, muitos tipos diferentes de marketing digital que você pode usar para a sua clínica – desde campanhas personalizadas para os usuários de Facebook, até campanhas e banners do Google Pay-Per-Click (e as centenas de opções on-line entre uma e outra). Quando estou projetando uma campanha de marketing digital para um cliente, eu sempre uso a medição de sucesso do Google como um valor de referência *mínimo* básico. Eles consideram uma campanha de sucesso quando tem um índice de cliques de 1% – significando que 1% de todas as pessoas que olham o anúncio clicam nele Na nossa agência, esperamos um número muito mais elevado.

Você pode ver na imagem abaixo, de uma campanha Pay-Per-Click de um de nossos clientes, que eles têm um índice de conversão de mais de 4% – quatro vezes maior do que o valor de referência para sucesso usado pelo Google.

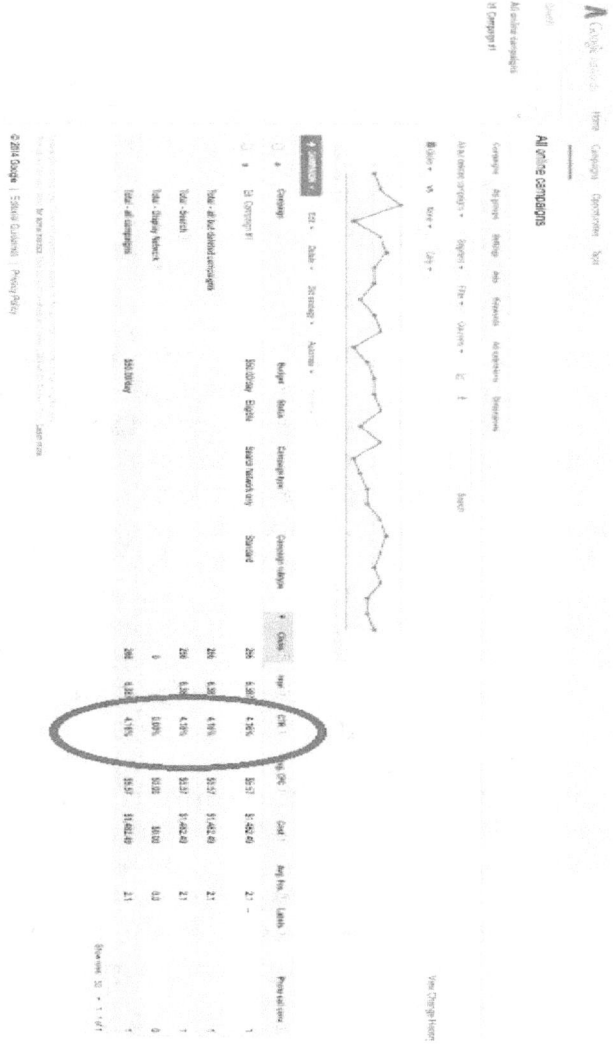

Compare isso com alguma coisa na outra extremidade – anúncio em banners. A publicidade com banners tradicional está verdadeiramente morta. Todos nós nos tornamos mestres em ignorar banners on-line. Um representante de mídia recentemente me disse que uma campanha com banners é considerada bem sucedida se tiver 0,3% de índice de conversão!!! Francamente, esses resultados são patéticos. Se você tem três mil dólares por mês para gastar com marketing digital – será, obviamente, muito mais vantagem que você invista seus dólares em um marketing digital on-line que lhe dê um número de conversões muito maior. Conclusão – sempre pergunte como o sucesso é medido e compare com o padrão de sucesso do Google.

Armadilha Nº 4: Não Integrar seu Marketing On-line com o Off-line

Como há muitas agências de marketing que se especializam só em marketing digital, é bastante comum para uma clínica ter uma agência para fazer c seu marketing digital e outra para fazer o seu marketing off-line (ou tentar fazê-lo internamente). Isso é um erro, porque a sua clínica pode acabar com o que eu chamo de "marketing Frankenstein" – você está sendo divulgado de uma forma on-line, mas passa uma impressão muito diferente quando as pessoas veem o seu marketing off-line. Falei com um médico recentemente que ficou horrorizado ao descobrir que a agência de marketing digital que estava usando tinha veiculado anúncios que faziam alegações consideradas "muito obscuras" (para dizer o mínimo). Sua reputação estava sendo afetada e a mensagem on-line estava em total conflito com a mensagem de integridade e honestidade percebida em seu marketing tradicional.

Conclusão – seu marketing digital tem que trabalhar lado a lado com sua propaganda off-line – ambos têm que trabalhar juntos para desenvolver sua boa reputação e fazer o seu investimento em marketing render muito mais.

Armadilha Nº 5: Fazer Apenas Marketing Digital

Por mais fantástico e econômico que o marketing digital possa ser quando feito corretamente – não caia na armadilha de parar todo o seu marketing off-line. Este é um erro gigantesco que eu já vi muitas clínicas cometerem. Já houve médicos que ligaram para nosso escritório, às vezes quase aos prantos, porque praticamente da noite para o dia o número de novos pacientes quase zerou. Possivelmente, o Google mudou seus algoritmos, por isso a clínica não é mais listada na primeira página. Às vezes, campanhas digitais da clínica (que funcionavam há séculos), de repente param de receber cliques. Marketing digital é emocionante, mas também é altamente volátil e as coisas mudam em um piscar de olhos. O marketing tradicional ou off-line, pelo contrário (embora seja mais difícil de fazer com sucesso), são os "burros de carga" que vão fazendo o trabalho árduo de levar bem longe a divulgação de sua clínica. Este pode não trazer os resultados relâmpago que algumas campanhas digitais trazem – mas é estável e confiável, requerendo esforço real, coisa que seus pacientes apreciam, além de perceberem mais facilmente quando sua clínica se destaca.

Destruindo O Mito Do Marketing Médico – Não Existe Um Marketing Milagroso

Com a ascensão meteórica do marketing digital e, é claro, das redes sociais, muitas clínicas médicas abandonaram impressos tradicionais e marketing externo em favor do marketing on-line. Este é um erro muito grave (por várias razões, que vou explicar a seguir). No entanto, um dos maiores e mais prolíficos mitos de marketing por aí é que existe um marketing panaceia que é a chave do sucesso. Isto não é apenas uma *inverdade*, mas também coloca o seu negócio em uma posição muito vulnerável.

Em uma ocasião, depois de dar uma palestra sobre marketing médico para um grupo de médicos, um cavalheiro veio até mim com uma pergunta que já me foi feita muitas e muitas vezes – Qual é *a coisa* que posso fazer para conseguir mais pacientes?

Primeiramente, esta é a pergunta errada. A pergunta correta é – Como posso conseguir *mais* pacientes para a minha clínica?

Ele estava procurando por aquela solução milagrosa – que iria resolver seus problemas de marketing de uma vez por todas. Isto, simplesmente, não existe, porque o que está funcionando hoje pode muito bem não funcionar amanhã. De repente, o Google deixa de listar seu site no topo da página. Seus anúncios Pay-Per-Click param de receber cliques. Outros médicos param de encaminhar pacientes para você. O anúncio que você tinha veiculado nos últimos seis meses, que vinha funcionando como um *exterminador de concorrentes*, de repente para de funcionar. Se isso é tudo que você tem para se apoiar, então você está em apuros.

O marketing mais eficaz utiliza vários tipos de mídia – impressa, externa, vídeos, redes sociais e on-line – todos trabalhando em uníssono, conectados entre si, para construir a sua reputação e atrair novos pacientes. O número médio de *mídias* que usamos para os nossos clientes varia entre 32 e 87! Não apenas uma!

Aqui estão alguns exemplos de tipos de mídia que você deveria usar e testar de forma contínua para promover sua clínica:

- Campanha de encaminhamentos

  Uma campanha formalizada para obter encaminhamentos é uma ferramenta de marketing extremamente poderosa para a sua clínica – mas observe a palavra *formalizada*! Pedir simplesmente que o indiquem não conta!

- Postagens em blog

  Elas devem ser interessantes para ler e não apenas uma relação de fatos.

- Mala direta

Sim, mala direta ainda funciona muitíssimo bem – principalmente porque a maioria dos seus concorrentes não a está usando!

- Campanhas Pay-Per-Click

Extremamente eficazes DESDE QUE você tenha um ótimo site para o qual direcionar o tráfego.

- Ezine, o boletim eletrônico

Uma excelente maneira de desenvolver relacionamentos e promover programas especiais ao mesmo tempo.

- Newsletter, o boletim informativo

A velha newsletter de papel e tinta ainda é extremamente eficaz, desde que seja escrita ao estilo de uma revista e seja interessante para ler!

- Promoção cartão postal

Uma variação da mala direta – é econômico, mas não desperdice dinheiro com pequenos cartões – eles têm que ser GRANDES!

- Outdoor

Bom para áreas metropolitanas, múltiplos painéis são consideravelmente mais eficazes do que apenas um.

- Rádio

Sim, ele ainda funciona como mídia, mas você precisa ser bastante seletivo quanto à estação – recomendamos que você faça um teste cuidadoso primeiro e não se comprometa com nenhum contrato de longo prazo, pois já tivemos resultados variáveis com o rádio.

- Banner "insistente"

Os banners reaparecem mesmo quando o usuário já encerrou a busca. É uma estratégia on-line avançada que funciona extremamente bem – uma vez mais, desde que você tenha um ótimo site para onde direcionar os visitantes.

- Páginas de aterragem, ou "landing pages"

Estas páginas são "nichos" especiais em seu site, dedicadas a um público específico, como por exemplo, mulheres divorciadas. A estratégia é: você cria uma campanha de marketing on-line que atrai mulheres divorciadas e as direciona para esta página específica, que fala diretamente a elas e é muito mais eficaz do que uma mensagem geral que poderia aplicar-se a qualquer um.

- Marketing em conjunto, ou "joint venture"

Uma ótima maneira de fazer com que outras empresas paguem pelo seu marketing (procure empresas de consultoria financeira, empresas do setor imobiliário... a lista é longa!)

- Podcasts

Este é um ótimo meio usado para elevar a confiança e estabelecer o seu status de especialista no mercado.

- Vídeos virais

São vídeos curtos, de 30 a 60 segundos,

criados para construir relacionamento e dar uma breve visão geral sobre um determinado tratamento ou procedimento. Eles são distribuídos on-line para milhares de canais de vídeo.

- Livro

Possivelmente **a mais importante** ferramenta geradora de confiança que você pode ter em sua clínica para colocá-lo acima de seus concorrentes. Temos uma série de livros de autoria fantasma disponíveis, que você pode "escrever", exclusivos para a sua área (para mais informações, mande-nos um e-mail – hello@premierphysicianmarketing.com).

- Anúncios de TV

Eles ainda são muito eficientes, porém, novamente, você TEM que selecionar o canal certo para o seu público e usar uma oferta forte. Enquanto muitos de nossos clientes ainda usam a TV, temos obtido melhor ROI de outras mídias, como campanhas de Facebook, publicidade Google Pay-Per-Click e até marketing por e-mail.

- Campanhas por e-mail

Muito eficiente, mas deve ser escrita usando material interessante – veja as **Sete Dicas Para Escrever E-mails**, anteriormente neste livro.

- Campanhas com banners

Uma estratégia on-line que descobrimos funcionar apenas quando complementa uma campanha Pay-Per-Click – não recomendamos investir em anúncios com banners sozinhos.

- Campanha do paciente perdido

Veja **Como Fazer Seus Pacientes Voltarem Sempre**, anteriormente neste livro.

- Campanha do paciente novo

Funciona muito bem para a retenção de pacientes e para gerar encaminhamentos também.

- Anúncios no Facebook

Facebook é uma plataforma muito potente para se veicular campanhas – temos alguns excelentes resultados. No mínimo, você deve ter uma página de fãs com postagens regulares – apenas para credibilidade social em seu mercado.

- Promoções LinkedIn

Outra estratégia on-line que pode ser ótima para acessar profissionais no seu mercado.

- Anúncios impressos

Sim, eles ainda são muito eficazes, mas precisam do público certo para ler a sua mensagem!

- Comunicados à imprensa

Excelente para ajudar na visibilidade on-line e aparecer no noticiário local.

- Seminários informacionais

Bastante eficazes, desde que não se concentrem muito em um assunto tecnológico específico e sejam mais voltados para o que você faz.

- Eventos beneficentes

  Uma ótima maneira de "fazer o bem" e de acessar as pessoas em seu mercado que, de outra forma, você não seria capaz de alcançar.

- Marketing colateral interno (folhetos, cartões de visita, etc.)

- Postais para outros médicos

  Essenciais para que os médicos lhe encaminhem seus pacientes.

IT WAS THE LAST TIME COLIN
WOULD BUY ANYTHING ON THE
INTERNET

Segunda Parte

Estratégias de Marketing

Introdução

A Base De Seu Marketing: Preparando Sua Clínica Para O Sucesso

Desde o seu primeiro dia na Faculdade de Medicina, lhe foi ensinado que as suas habilidades e conhecimento técnico eram o necessário para você se tornar um médico bem sucedido.

Que o seu "profissionalismo" seria a chave para o seu sucesso.

Que as pessoas iriam até você, uma vez que ouvissem falar como você era "bom".

Provavelmente lhe foi passada a ideia de que se você construísse uma coisa inovadora o mundo iria bater à sua porta.

Infelizmente, não é bem assim.

Podemos falar honestamente?

Ao ler este livro, você vai ver que eu sou muito sincera. Eu não amenizo nada. Não vou lhe dizer coisas que eu acho que você quer ouvir, eu vou lhe dizer o que eu sei que é a *verdade*.

Mas não vai ser a minha *opinião* sobre o que é verdade ou não – as minhas opiniões são tão inúteis quanto as de qualquer outra pessoa quando se trata de desenvolver uma clínica bem sucedida.

Pelo contrário, eu vou lhe dar informações que são baseadas em anos de experiência e resultados comprovados – trabalhando com uma variedade de médicos e empresas de grande e pequeno porte – desde grandes empresas como a Microsoft até consultórios particulares individuais.

Isto me leva ao primeiro e mais importante ponto: ter um método consistente e confiável para atrair e reter novos pacientes em sua clínica é o bem mais importante para o seu *negócio*.

Segredo Nº 1
Sua capacidade de atrair um fluxo constante de novos pacientes é a força vital de sua clínica

É mais importante do que o seu equipamento, mais importante do que o seu prédio e mais importante até do que a sua equipe. Tudo isso pode ser substituído. No entanto, não há nada que faça uma clínica, ainda que bem sucedida, se estagnar mais rapidamente do que não ter uma forma consistente e ética de atrair e reter novos pacientes.

À medida que você for lendo este livro, por favor, lembre-se de que o tipo de marketing que eu estou lhe ensinando, possivelmente, é muito, muito diferente de qualquer coisa que você possa ter visto ou ouvido antes. É sobre como obter respostas e pacientes sem ser agressivo ou chato, e sem gastar enormes somas de dinheiro em promoção pessoal.

Lendo este livro e aprendendo as técnicas que eu vou mostrar, você vai descobrir que existem dois modos de fazer marketing:

1. Desperdiçador, ineficaz, insistente e antiético.

2. Baseado na confiança, construtor de relacionamentos e orientado para respostas, posicionando **você** como o médico líder em sua cidade.

Eu vou me concentrar no segundo tipo, se você concorda... O que você não aprende em nenhum lugar é o tipo de marketing que você está prestes a explorar. É o que fazemos para os nossos clientes, porque ele funciona e é divertido.

Afinal de contas, as clínicas mais bem sucedidas não são dirigidas por médicos essencialmente mais qualificados do que os médicos que dirigem clínicas de menos sucesso. Eles não têm necessariamente um equipamento melhor, consultórios mais bonitos ou mesmo uma equipe mais altamente treinada. A única coisa que médicos mais bem sucedidos fazem melhor do que ninguém é:

Saber como conseguir um fluxo constante de novos pacientes.

Então, vamos ao que interessa!

Segredo Nº 2
Como mudar facilmente o que você está fazendo para obter os resultados desejados

Você já ouviu alguém dizer que a definição de insanidade é fazer a mesma coisa repetidamente e esperar um resultado diferente?

Você está pensando no quanto você quer resultados diferentes, mas continua a fazer o que sempre fez? Se for assim, então nós podemos ter uma conversinha?

Veja bem, para que os seus resultados mudem, você deve mudar a maneira como você promove e dirige a sua clínica. Eu sei que parece completamente óbvio, e eu sei que você já sabe disso.

Tão ridiculamente óbvio quanto pareça, pela minha experiência pessoal, trabalhando com centenas e centenas de profissionais de várias especialidades diferentes, este é um dos maiores problemas que enfrento, ao ajudá-los a elevar a sua clínica a um novo patamar.

É porque todos nós fomos doutrinados a pensar que ser bom já é o suficiente.

E que saber como tratar os pacientes basta.

Segredo Nº 3
Seja claro sobre a sua mensagem de marketing

A maioria dos esforços de marketing deixa de atingir seu objetivo, ou porque a mensagem de marketing não é original (sua clínica parece exatamente igual à da concorrência), ou porque simplesmente não se identifica com o seu público-alvo.

Se os pacientes potenciais têm apenas três segundos para gastar no seu site, qual é a principal coisa que você gostaria que eles soubessem sobre a sua clínica (que irá convencê-los a tomar iniciativa)?

Ter uma mensagem de marketing bem redigida que claramente separa você de seus concorrentes é crucial para o sucesso do seu marketing. Às vezes isso é a parte mais difícil da criação de qualquer campanha de marketing. Na minha primeira consulta com um cliente, esta é uma das primeiras áreas que abordamos. A minha experiência é que a maioria dos médicos *sabe* o que os torna únicos e melhores do que outros médicos na sua área de especialidade. Acontece que ninguém consegue converter corretamente essa informação em uma poderosa campanha de marketing para eles.

Segredo Nº 4
Crie uma proposta única de venda (USP)

Sua proposta única de venda faz parte da sua mensagem de marketing, mas pode ser resumida como "a principal coisa que o torna conhecido". A Domino's Pizza é talvez o maior exemplo de como uma proposta única de venda pode fazer toda a diferença. Sua proposição tinha apenas 12 palavras e formou a base do império multibilionário que a Domino's é hoje. Pronto para ouvir o que era? "Pizza quente fresca entregue em 30 minutos ou menos, ou é grátis." Pode não parecer original para os nossos padrões de hoje, mas nos anos 70, ninguém estava entregando pizza e, certamente, ninguém estava oferecendo uma garantia tão ousada. *O que você pode oferecer que ninguém mais faz?*

Segredo Nº 5
Escolha um público-alvo como foco de seu marketing

A menos que você tenha um orçamento para marketing de tamanho "mega" (e eu estou falando M-E-G-A, na faixa dos milhões de dólares), não espere ser capaz de causar um impacto significativo com o seu marketing, a não ser que você estrategicamente escolha um ou dois segmentos diferentes para se concentrar. É muito mais fácil (e mais eficiente) se tornar extremamente conhecido para um grupo seleto de pessoas, do que se dispersar e ser praticamente desconhecido para um grupo muito maior.

Segredo Nº 6
Defina quem são os seus pacientes "mais adequados"

Cada negócio tem aqueles clientes que são um prazer absoluto para se trabalhar, e aqueles que são – digamos, a "criança problema" – aqueles que se queixam, que não pagam em dia, que chegam atrasados ou nem aparecem, que não seguem suas instruções, que são extremamente sensíveis ao preço... a lista é longa! Poucos médicos estão acostumados a pensar em sua base de pacientes nestes "termos comerciais", mas é extremamente útil que você identifique quais os tipos de pacientes que você ficaria feliz em ter em sua clínica, em contraste com aqueles que você preferiria que fossem para outro lugar. Eu chamo isso de identificar seus pacientes "mais adequados". Uma vez que você saiba quem são, você poderá realmente concentrar seus esforços de marketing para atrair um maior número deles, identificando aqueles que estão no outro extremo o mais rápido possível, para que possa lhes recomendar outro lugar.

"Your nose isn't too big. Your hat is on backwards."

Quando estou criando uma campanha de marketing, eu visualizo o público-alvo em minha mente para me ajudar a criar uma mensagem apropriada para ele. A menos que eu saiba para quem estou escrevendo, como posso esperar que o marketing chame a sua atenção (acima de todos os outros "ruídos" de marketing com os quais estou competindo)? Por exemplo, se os pacientes "mais adequados" para o meu cliente são homens de meia-idade, da classe operária, que dão pouca atenção à sua saúde e, muito provavelmente, nunca fizeram um exame de próstata – mas têm excelentes planos de saúde – vou me fixar numa imagem de Al Bundy em minha mente (da novela americana "Married With Children") e pensar: "O que eu poderia dizer a Al que o fizesse tirar os olhos da televisão, levantar-se de sua confortável poltrona e dar um telefonema para o meu cliente?" Esta é uma abordagem bem "específica para cada paciente" na criação do marketing, que é o oposto de como a maioria das pessoas fazem – eles pensam na mensagem que querem dizer a todos e, em seguida, a "lançam", esperando que ela chegue ao alvo desejado.

Aqui estão alguns critérios para ajudá-lo a definir melhor (e conhecer) quem seriam os seus pacientes "mais adequados". Lembre-se, quanto mais detalhado você for, mais o seu marketing irá "destacar-se" em meio à confusão de todos os outros, porque, para seus pacientes potenciais, ele parece ter sido escrito "especialmente para eles". Um dos maiores redatores publicitários, Robert Collier, costumava dizer que a grande publicidade continua uma conversa que um cliente potencial está tendo em sua própria mente.

1. Masculino/feminino

2. Idade

3. Ocupação

4. Renda familiar

5. Onde mora (distância do consultório)

6. Tem filhos?

7. Homossexual/heterossexual?

8. Religioso/materialista?

9. Que escola seus filhos frequentam?

10. Como passa os fins de semana?

11. Onde passaria as férias?

12. Quais são suas três maiores frustrações?

13. Quais são os seus desejos secretos?

14. O que teme?

15. De quem mais é cliente/paciente?

Segredo Nº 7
Crie zelosamente sua própria lista interna de endereços

Foi John Lennon que uma vez disse a famosa frase: "Se eu quiser uma outra piscina, tudo que tenho que fazer é escrever uma outra canção." Isto dá o que pensar. O patrimônio real de sua clínica está na força do relacionamento com seus pacientes. Se você não está cuidando de seus pacientes e constantemente falando com eles através de seu marketing, então você pode ter certeza de que outra pessoa está. Perceber isto é especialmente importante, já que manter os pacientes que você tem é *cinco vezes* menos caro do que ter que sair e conseguir novos.

Aqui estão as informações que sua lista ideal precisa conter:

Informações Essenciais:

- Nome

- Endereço para correspondência (extremamente valioso – ele é muito mais valioso do que endereço de e-mail, pois as pessoas muitas vezes têm vários e-mails e os mudam frequentemente)

- E-mail

Informações "Boas de Ter":

- Profissão

- Idade

- Tratamentos

- Total gasto no ano

- Total gasto desde que se tornou seu paciente

- Data da última visita

- Interesses

Uma vez que você tenha essas informações, você poderá mais firmemente adaptar sua mensagem de marketing aos seus pacientes – por exemplo, enviar ofertas especiais para mulheres que estão na faixa dos 50 anos ou mais, em vez de enviar uma oferta para homens na casa dos 40.

Lembre-se da regra fundamental de marketing: quanto mais estreitamente você puder adequar sua mensagem publicitária ao seu público-alvo, maior será o índice de respostas!

Segredo Nº 8
Trate marketing como um investimento, não como uma despesa, para sua clínica

Este é um ponto muito significativo. As despesas em sua clínica precisam ser minimizadas sempre que possível. Marketing NÃO é uma despesa – é um investimento – e aqui está o porquê: a única razão para você investir em marketing é que, idealmente, para cada dólar que você gasta com ele, ele traz dois dólares de volta para a clínica. Ele é o motor de sua clínica, e suas atividades de marketing precisam se concentrar em encontrar tantos métodos diferentes de geração de "leads" – pacientes potenciais – quanto você possa usar para atrair novos pacientes pelo custo de equilíbrio (ou melhor) e para eliminar tudo que "não funciona" o mais rapidamente possível. *Suas atividades de marketing são o aspecto, que não é médico, mais importante no funcionamento de sua clínica.*

Segredo Nº 9
Especialize-se

Um dos erros mais comuns em marketing é tentar ser de tudo para todos.

Mesmo se você for um generalista – um cirurgião plástico hábil em uma ampla variedade de procedimentos, vale a pena se tornar conhecido por uma ou duas principais áreas de especialidade, e isso também vai ajudar a tornar a sua mensagem de marketing mais distinta. Especialistas podem cobrar mais, têm menos concorrência e, normalmente, desfrutam índices mais elevados quanto à fidelidade dos pacientes e número de encaminhamentos. Do ponto de vista do paciente, todo mundo quer ser tratado por um especialista. Quanto mais o seu marketing puder posicioná-lo como um especialista em uma área específica, mais as pessoas vão procurá-lo para essa especialidade.

Segredo Nº 10
Tenha uma mentalidade de abundância (não de escassez ou de medo)

Você acredita que há muitas oportunidades para todos e que você pode criar suas próprias oportunidades? Ou você acredita que o tamanho de seu mercado é limitado e que, se você reivindicar uma parte maior de seu mercado, você estará privando alguém de tê-la?

Quais são as suas crenças pessoais sobre o sucesso e a prosperidade? Você acredita que você só pode ter sucesso às custas de outra pessoa? (Em cujo caso não importa quantas estratégias de marketing eu lhe der, pois você subconscientemente vai sabotar o seu próprio sucesso por não acreditar que o merece.) Ou você acredita (como eu) que há uma abundância ilimitada no universo e, na verdade, quando você intensifica seus esforços e assume o compromisso de ter o sucesso para o qual você foi feito – você inspira outros a fazerem o mesmo? Como Nelson Mandela disse em seu famoso discurso de posse, "conforme deixamos nossa própria luz brilhar, inconscientemente damos às outras pessoas permissão para fazerem o mesmo".

Segredo Nº 11
Assegure-se de que o seu material de marketing está escrito em "português coloquial" – e não em "linguagem jurídica"

Uma das maneiras mais rápidas de alienar os pacientes potenciais é usar uma linguagem muito formal em seu marketing. O uso de palavras antiquadas instantaneamente faz a sua clínica parecer antiga porque ninguém fala mais assim!

O grande marketing tem tudo a ver com o desenvolvimento de relacionamentos, e o modo mais fácil de fazer isso é "conversar" com seus possíveis pacientes na linguagem do "dia a dia" que eles mesmos usam.

Dê uma olhada nesta carta publicitária, criação do grande redator, já falecido, Gary Halbert, que é amplamente considerada como uma das peças de marketing mais eficazes já escritas. Esta carta exclusiva, de uma página, foi enviada, por mais de 30 anos, para mais de 600 milhões de pessoas. Qual era o segredo do seu sucesso? A linguagem familiar e calorosa usada – fazendo seus leitores se sentirem "compreendidos", ganhando sua confiança e discretamente motivando-os para a ação:

Prezado Sr. MacDonald,

O senhor sabia que seu nome de família foi registrado com um brasão em arquivos heráldicos antigos mais de sete séculos atrás?

Meu marido e eu descobrimos isso ao fazer uma pesquisa para alguns amigos nossos que têm o mesmo sobrenome que o seu. Um artista recriou para nós o brasão exatamente como descrito nos registros antigos. Este desenho, junto com outras informações sobre o nome, foi impresso em um atrativo relatório de uma página.

A segunda metade do relatório conta a história do antiquíssimo e ilustre sobrenome MacDonald. Ele traz o que o nome significa, a sua origem, o lema original da família, o seu lugar na história e fala das pessoas famosas que o compartilham. A primeira metade tem uma grande e bela reprodução do desenho, feito pelo artista, do primeiro brasão conhecido para o nome MacDonald. Este relatório é um documento autêntico impresso em papel tipo pergaminho apropriado para emoldurar.

O relatório agradou tanto aos nossos amigos que fizemos algumas cópias extras para poder compartilhar essas informações com outras pessoas com o mesmo nome.

Emoldurado, esse relatório é uma distinta decoração de parede e um bom presente para os familiares. Deve-se lembrar que nós não seguimos a árvore genealógica individual de ninguém, mas pesquisamos vários séculos atrás para descobrir mais sobre as primeiras pessoas chamadas MacDonald.

Tudo que estamos pedindo por eles é o suficiente para cobrir a despesa adicional das cópias extras impressas e enviadas. (Veja abaixo). Se você está interessado, por favor, entre em contato conosco imediatamente pois o nosso estoque não é grande. Basta verificar se o seu nome e endereço estão corretos e enviar a quantia certa em dinheiro ou cheque pelo número de relatórios que você deseja. Nós vamos enviá-los prontamente por correio.

Cordialmente,

Nancy L. Halbert

É certo que alguns médicos se sentem mais confortáveis adotando uma abordagem mais formal para seu marketing e sua linguagem. Se esta é a sua preferência, eu a respeito, mas entenda que isso provavelmente vai lhe custar muitas dezenas ou centenas de milhares de dólares em oportunidades perdidas. Você pode usar um discurso reconfortante e amigável e ao mesmo tempo manter o seu profissionalismo!

Segredo Nº 12
Saiba quanto um novo paciente vale para você: por ano e para a vida toda (VMP: Valor Médio do Paciente)

Uma das conversas mais importantes que eu tenho com um novo cliente é sobre o valor de um único paciente para a sua clínica. Depois de saber qual é o seu VMP (Valor Médio do Paciente), o seu negócio muda para sempre. Perder pacientes assume um significado totalmente novo, porque isso é uma receita real e mensurável que está saindo porta a fora. Da mesma forma, a aquisição de novos pacientes também assume um significado totalmente novo, porque agora você sabe o quanto pode investir para conseguir um (ver Segredo Nº 13, a seguir). Há muitas maneiras diferentes para você calcular o valor médio de um paciente – o meu método preferido é calcular o valor médio da transação de um novo paciente durante um período de três anos. Lembre-se, este não é um número exato – uma estimativa funciona bem.

Por exemplo, o VMP para um paciente novo em uma clínica de cirurgia plástica poderia ser calculado assim:

Um Ano

1 ano de Botox (US$250 x 4 visitas)	US$1,000
Resurfacing com laser	US$10,000
Aumento dos seios	US$10,000
Blefaroplastia (superior e inferior)	US$6,000
Depilação	US$3,000
VMP Total	US$30,000

Valor Médio Vitalício do Paciente (considerando-se 10 anos) – de US$60,000 a US$120,000 ou mais!

Agora a questão é: quanto você está disposto a investir para conseguir um paciente novo? Cinco mil dólares? Dez mil? Quinze mil? Mesmo que lhe custasse dez mil dólares para ter um novo paciente (*extremamente* improvável), no primeiro ano, seu ROI em marketing seria $1:$3 (para cada dólar investido em marketing, você receberia três dólares de lucro), e durante o período vitalício do paciente, aquele ROI seria multiplicado por $1:$6 ou até $1:$12!

Por que saber o seu número de VMP é tão importante? Porque, sem perceber, você pode estar investindo demais ou não estar investindo o suficiente quando decide seu orçamento para marketing.

Por exemplo, na minha agência de marketing, o nosso serviço de marketing *personalizado* (chamado *Premier Physician Marketing Concierge*) tem três níveis diferentes: Digital, Gold e Platinum. Nossos níveis Gold e Platinum são de oito mil e de vinte mil dólares por mês, respectivamente (excluindo custos de mídia).

Com base no número VMP acima, seriam necessários 3,2 novos pacientes por ano adicionados à clínica para que o médico tivesse um ponto de equilíbrio (nem lucro nem prejuízo) sobre o investimento de um ano em nossos serviços de marketing no Nível Gold. Ou 5,3 pacientes por ano no nível Platinum.

Você pode ver por que é tão crucial saber o VMP para a sua clínica e, uma vez que você saiba – o objetivo é aumentá-lo por meio da *oferta* de serviços adicionais necessários. Fico sempre surpresa com o número de médicos que não fazem isso! Eu a chamo de "escada de vendas", porque você gradualmente orienta os novos pacientes a "subir" a escada de seus serviços, à medida que a satisfação e a confiança deles em você cresce. Quanto mais alto eles estiverem em sua escada de vendas, mais valiosos eles são para a sua clínica, e maior é o VMP.

Se você quiser ver um exemplo de uma "Escada de Vendas" de uma clínica, por favor envie um fax para nós pelo número (866) 910-7244.

Segredo Nº 13
Saiba quanto lhe custa em média para conseguir um novo paciente (CMP: Custo Médio por Paciente)

Logo depois de calcular o VMP (Valor Médio do Paciente – veja acima), o próximo cálculo é para descobrir quanto está lhe custando conseguir um novo paciente.

A maneira mais fácil de fazer este cálculo é somar todo o seu investimento em marketing durante o ano anterior e dividir esse total pelo número de novos pacientes.

Com a explosão do marketing digital, um dos argumentos mais comuns que você provavelmente vai ouvir é que o marketing digital oferece, em média, um retorno muito maior sobre o investimento do que as formas tradicionais de publicidade, como anúncios impressos, rádio, mala direta, etc., porque ele pode ajudar a reduzir o CMP (Custo Médio por Paciente)

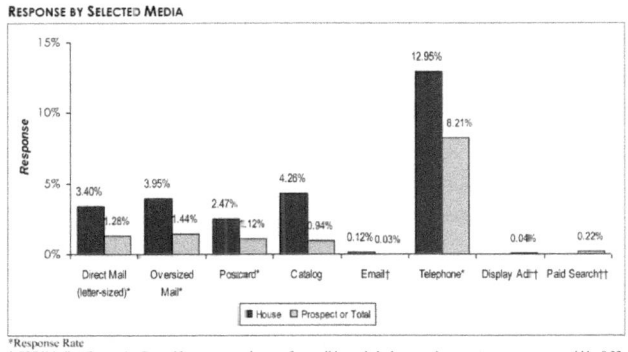

Enquanto o baixo custo do marketing digital é

certamente sedutor, de acordo com um estudo feito pela "Associação de Marketing Direto" em 2012, a mala direta ainda é capaz de superar o marketing digital por uma margem significativa – cerca de 30 para 1, em relação ao marketing por e-mail, e dá um retorno praticamente igual ao marketing de busca paga (Google Adwords, Banner Advertising e outros).

Os mais elevados índices de resposta foram produzidos por marketing por telefone, quase 13%, mas este também teve o maior custo.

As lições são estas, quando escolher sua mídia de marketing:

1. Nunca confie apenas no marketing digital para promover sua clínica. Como todo mundo está fazendo, espere que os custos continuem aumentando em espiral e que o "barulho" causado pelo marketing digital no mercado escale até a euforia.

2. Não despreze as formas tradicionais de publicidade para a sua clínica. Só porque um determinado tipo de mídia não funcionou para você no passado, isso não significa que não vá funcionar nunca. Pode ser apenas que você não estivesse fazendo corretamente. Em marketing, pequenas dobradiças abrem grandes portas – isso quer dizer que uma nova oferta, um layout melhor, ou um anúncio mais bem escrito pode fazer toda a diferença entre uma propaganda que gera uma boa resposta e outra que não.

3. Quanto mais cara for a media, menos médicos estarão inclinados a usá-la (o que significa menos concorrência para você). Alguns dos nossos maiores índices de resposta vieram

depois de mandarmos grandes volumes de correspondência e peças de grandes dimensões para pacientes em potencial (e quando o seu VMP é de $10,000 ou mais, você pode se dar ao luxo de investir $500 ou $1000 para ter um novo paciente).

4. Diferentes mídias trazem pacientes de diferente "qualidade" – quando digo qualidade, me refiro àqueles que são os mais propensos a se tornarem seus pacientes, em contraste com aqueles que marcam uma consulta e não aparecem, ou vão à sua primeira consulta grátis mas não podem pagar pelos seus serviços. O marketing digital tipicamente resulta em pacientes de menor qualidade (porque é tão barato de fazer) em comparação com o correio tradicional, que é mais caro mas é imbatível quando se quer desenvolver um relacionamento com os pacientes em potencial.

Segredo Nº 14
Compre os números de telefone de seus concorrentes que deixaram as clínicas particulares

Este segredo de marketing provavelmente vale milhares de vezes o seu investimento neste livro. Quando qualquer um de seus concorrentes fechar suas portas por qualquer razão – por se aposentar, deixar de atender em consultório particular, mudar de ramo – adquira *imediatamente* todos os seus números de telefone e os encaminhe para a sua clínica. Isso pode criar uma fonte de novos pacientes para você, embora seja provável que funcione bem nos primeiros seis meses e, em seguida, comece a gotejar, pois os pacientes começam a se mudar para outros provedores.

Normalmente, tudo que você precisa fazer é contatar sua companhia telefônica e pedir para comprar os números antigos.

Segredo Nº 15
Seja inflexível com seu precioso tempo

O tempo é o nosso bem mais precioso de todos. Fortunas podem ser feitas e perdidas – às vezes várias vezes ao longo de uma vida – mas o tempo perdido não pode ser recuperado nunca. Eu sempre digo aos meus clientes que nenhum sucesso em nossa vida profissional pode compensar um fracasso em nossa vida particular (eu sei disso em primeira mão, infelizmente, com a certidão de divórcio para provar). Você trabalhou muito duro para chegar onde está e, para que você obtenha o tempo de folga que você quer e ainda tenha a sua clínica funcionando como uma máquina bem lubrificada na sua ausência – é essencial que você mude a maneira como administra o seu tempo. Embora este tópico seja assunto para um dia inteiro de seminário, aqui estão algumas sugestões:

1. Divida em blocos o seu tempo, de acordo com tarefas semelhantes – tempo para administração, retorno de telefonemas, tratamento de pacientes, dar consultas, reuniões com o pessoal.

2. Tenha um início e um fim para cada bloco, e seja *exigente* quanto ao seu cumprimento.

3. Não cheque e-mail e Facebook durante todo o dia (este é um dos maiores desperdícios de tempo). Se você preferir não ter um dos seus funcionários filtrando seus e-mails e quiser verificar tudo, programe um horário

no final de cada dia para isso. O mesmo com telefonemas.

4. Não aceite telefonemas que não sejam agendados – faça todos marcarem um horário.

5. Quando você não estiver na clínica – desconecte. A exaustão é uma ameaça bem real para a sua segurança emocional e financeira. Inicialmente, eu tinha muitos problemas com isso – como uma viciada em trabalho assumida, eu nunca tive um botão de "off" porque, como você sabe, quando se tem o próprio negócio, nunca, jamais, se consegue fazer tudo. Há sempre mais alguma coisa para fazer. Depois de um casamento desfeito e, em seguida, ter uma filha, eu estava determinada a não repetir os erros do passado, e tive algum treinamento neste assunto. Agora, eu agendo cada dia como um desses três tipos (adaptado do meu amigo Dan Sullivan): Dia Livre (ou seja, um período de 24 horas onde não olho nenhum e-mail, não atendo telefonemas – nada relacionado ao trabalho); Dia de Preparação (onde revejo a publicidade dos clientes, faço análise da concorrência, pesquiso o mercado); e Dia do Foco – que são os dias em que você ganha seu dinheiro – no meu caso, consultoria estratégica com os clientes, treinamento por telefone, palestras públicas, escrever campanhas publicitárias. Para você, seria dar consultas e realizar os procedimentos em pacientes.

Segredo Nº 16
Dirija sua clínica primeiramente como um negócio

Você trata os pacientes. Mas você também tem um negócio. Isto significa ter objetivos claramente definidos e ter muita estratégia ao investir seu dinheiro em marketing. Hoje em dia, não é mais suficiente ser o melhor médico ou utilizar médicos mais qualificados. Você tem que gerenciar sua clínica como um negócio, em primeiro lugar, o que significa – tomar algumas decisões, às vezes muito difíceis, quanto à dispensa de pessoal com baixo desempenho, proporcionar uma experiência excepcional para seus pacientes (veja na Primeira Parte *Criando Uma Experiência Tipo "Ritz-Carlton" Na Sua Clínica*) e colocar o marketing e o posicionamento de sua clínica no topo da sua lista de "coisas a fazer". As empresas mais bem sucedidas têm muitas coisas em comum que as clínicas médicas fariam bem em observar e implementar:

1. Empregue a melhor equipe que você puder.

2. Como meu mentor uma vez me disse, "Demore a empregar, mas não demore para despedir, se alguém não estiver trabalhando bem."

3. Crie e implemente um plano de marketing (Segredo Nº 18) e faça da implementação de métodos sistematizados para gerar novos pacientes uma prioridade.

4. Contrate os melhores consultores, conselheiros e especialistas que puder.

5. Nunca delegue o talão de cheques (Donald Trump, até hoje, ainda supervisiona cada

cheque que sai).

6. Invista continuamente na sua própria educação profissional.

7. Invista continuamente na capacidade de seu pessoal (principalmente para fazer publicidade, oferecer extraordinário serviço de atendimento ao cliente e transformar telefonemas em prováveis pacientes). Nós oferecemos treinamento mensal para equipes de suporte de consultórios médicos visando ensiná-los a ajudar *você*. Para mais informações quanto a participar do treinamento mensal "Inner Circle", mande um fax para nosso escritório no (866) 910-7244 (inscrições têm número limitado).

Segredo Nº 17
Adote uma política para "atrasos e faltas"

Certa vez, visitei uma dermatologista que tinha a política de cancelamento e falta mais severa que já vi – nos cartões de crédito de seus pacientes eram cobrados 400 dólares pelo não comparecimento ou cancelamento dentro de 48 horas, e 200 dólares para cancelamentos dentro de 72 horas. Ao marcar uma consulta inicial, sua equipe pede o número de um cartão de crédito que é verificado por telefone. Sua política de cancelamento e falta é explicada para novos pacientes através de um bom raciocínio – uma história justificando por que tiveram que adotá-la, o que ajuda os potenciais pacientes a aceitá-la e não se afastarem espantados. Agora seu índice de cancelamentos é inferior a 1% (antes eram 15%) e o número de faltas é ainda menor.

Seu tempo é precioso. O tempo dos seus

pacientes também. Um ótimo relacionamento entre paciente e médico tem que ser baseado no respeito e compreensão mútua. Enquanto você está ocupado esforçando-se para dirigir uma clinica sem atrasos e investindo nos mais recentes treinamentos e equipamentos, os seus pacientes, da mesma forma, podem se empenhar para chegar no horário, não cancelar e não faltar.

Segredo Nº 18
Implemente um plano de marketing

Em sua essência, um plano de marketing é o seu roteiro estratégico para fortalecer e fazer crescer o seu negócio. No coração de cada plano de marketing reside estratégia – especificamente, como você pode diferenciar a sua clínica de todas as concorrentes e torná-la o destino número um dos "prospects" (possíveis pacientes) em seu mercado-alvo. Uma vez que sua estratégia fundamental seja determinada, você pode planejar todas as atividades publicitárias para os próximos 12 meses (conhecidos como o "calendário de marketing").

As vantagens de ter um plano de marketing são muitas:

1. Você já não está atirando dardos no escuro, na esperança de acertar um alvo. Em vez de uma abordagem generalizada para o seu marketing, agora você está usando um enfoque *específico*.

2. Você vê com clareza o mercado-alvo que está perseguindo, e igualmente importante, aqueles que você não está.

3. Você e sua equipe são muito claros quanto à "mensagem principal" de sua clínica – o

que o torna *melhor* e o *diferencia* de seus concorrentes.

4. O seu ROI, ou retorno do investimento em marketing, aumenta instantaneamente, porque você está usando uma estratégia muito melhor quanto a onde investir sua verba publicitária.

5. O fluxo de caixa é consistente e não há mais períodos lentos (a menos que você escolha desacelerar o seu marketing).

6. Há um aumento da confiança na clínica e maior clareza por parte de seu pessoal.

7. Há mais tempo para praticar a medicina.

Tenho observado que a maioria das clínicas têm um plano de negócios, *mas apenas as clínicas mais bem sucedidas têm um plano de marketing.*

Criamos planos de marketing altamente personalizados para nossos clientes, normalmente no final do *"Practice Transformation Day"* – um dia intenso de consultoria estratégica, que eu conduzo pessoalmente e que se concentra em sua clínica, seus objetivos e suas grandes oportunidades para dominar o mercado. Se você quiser obter mais informações, ligue para o meu escritório: (734) 402-8843.

Capítulo Um

Produza Mais Pacientes Potenciais

Segredo Nº 19
Crie marketing colateral distinto para sua clínica

Esqueça o bom e velho prospecto dobrado em três (chato) ou o panfleto com a lista de serviços.

Nada desvaloriza sua clínica mais rápido do que usar o marketing colateral que praticamente todos os outros médicos na cidade usam. Seu marketing colateral é uma oportunidade para mostrar como a sua clínica é verdadeiramente única, para expressar a "personalidade de sua clínica" e dar aos pacientes potenciais confiança e entusiasmo para irem vê-lo. É hora de pensar fora dos padrões. Nossos clientes têm experimentado um enorme sucesso com "brochuras em vídeo", CDs de áudio *"Expert Interview"* (gravação de uma entrevista profissionalmente encenada com o médico, feita por nós) e até mesmo uma revista trimestral.

Veja acima um exemplo de uma "revista" promocional que criamos para a Microsoft e um dos seus parceiros joint venture de tecnologia da informação, a Blue Horseshoe. Como você pode ver, é uma "paródia" da revista *Time* e se relaciona diretamente com a indústria que têm como alvo (a indústria de bebidas).

Segredo Nº 20
Realize o seu próprio evento "educacional" especial

Eventos especiais é uma das minhas atividades de marketing favoritas, simplesmente porque, quando feito corretamente, pode ser tão divertido e *tão rentável.*

À medida que a medicina das clínicas particulares continua a evoluir e a concorrência pela medicina estética aumenta, também cresce a necessidade de que seus pacientes sejam *instruídos* sobre como escolher o tipo certo de provedor, e quais são os mais novos avanços para as suas áreas de interesse. Apesar deste tema tão importante e rentável ser merecedor de um livro inteiro dedicado a ele (eu o tenho na minha lista), aqui estão as dicas da *Premier Physician Market Domination Formula™* para a realização de um evento educacional especial:

1. Escolha um público-alvo bem adequado que precisa, quer e pode facilmente pagar pelos seus serviços (e não apenas pagar, mas *facilmente* pagar).

2. Escolha um tema que aborda o maior medo ou a maior necessidade que eles têm.

3. Compre uma lista de endereços e/ou compartilhe clientes de outros negócios complementares.

4. Crie uma campanha de múltiplas etapas e múltiplas mídias para convidar as pessoas para o evento (normalmente mala direta, cartazes, distribuição de panfletos, blog e e-mail).

5. Crie uma oferta irresistível para os participantes (por exemplo, uma sacola com um presente, distribuição de brindes). Não economize nisso! Lembre-se do seu VMP (Valor Médio do Paciente), e lembre-se também de que o seu evento está competindo com todo o estresse e outras exigências da vida do público-alvo. Você tem que convencê-los de que o benefício de assistir ao seu evento (e receber o presente!) é muito maior do que ficar em casa e fazer as tarefas domésticas, ver televisão, ou levar as crianças a algum lugar.

6. Ofereça uma noite de informações que seja elegante, acolhedora e divertida (incluindo

demonstrações, se possível).

7. Termine a noite com uma irresistível oferta de validade limitada.

8. Faça um acompanhamento imediato de todos os participantes usando, para isso, três campanhas promocionais separadas e diferentes ofertas:

   • Pessoas que se registraram mas não compareceram.

   • Pessoas que foram mas não compraram.

   • Pessoas que foram e compraram (para parabenizá-las e lhes mostrar que tomaram uma excelente decisão).

Não importa qual a sua área da medicina, a *Premier Physician Market Domination Formula*™ funciona e foi testada extensivamente em praticamente todos os principais mercados em toda a América (e em muitas cidades pequenas também).

Segredo Nº 21
Escreva uma carta para familiares e amigos

Esta estratégia de marketing pode parecer ridiculamente óbvia e simples, mas você ficaria surpreso como são poucas as pessoas em seu círculo mais próximo que realmente entendem o que você faz. Uma de minhas clientes certa vez me disse que a tia aproximou-se dela em uma reunião de família e perguntou-lhe como estavam indo as cirurgias cardíacas. Minha cliente tinha aberto seu consultório particular de angiologia três anos antes e tinha suposto que todo mundo sabia o que estava fazendo. Não presuma que saibam nada! Amigos e familiares podem ser fontes de referência poderosas e muito persuasivas para a sua clínica. Uma carta simples e informal, enviada não apenas para os seus familiares e amigos mais chegados, mas também para os da sua equipe, pode atuar como outra preciosa fonte de prováveis pacientes para a sua clínica.

Se você quiser um exemplo de uma carta para "amigos e família" altamente eficaz, por favor envie um e-mail para o meu escritório: hello@ PremierPhysicianMarketing.com.

Segredo Nº 22
Realize grupos de discussão

Se você leva a sério fazer crescer a sua clínica e ser visto como o médico líder em seu mercado, um dos exercícios mais importantes é realizar um grupo de discussão com seus atuais pacientes "mais adequados".

Esta não é uma oportunidade de vendas disfarçada (embora, se eles quiserem levar um amigo, todos serão bem-vindos). Esta é, no entanto, uma oportunidade para descobrir o que você e sua clínica podem fazer para atender melhor aos seus pacientes.

Que necessidades eles têm que ainda não foram satisfeitas?

Que ideias ou sugestões eles têm para melhorar o atendimento?

Você vai se admirar com as sugestões recebidas e com o prazer dos pacientes quando lhes é perguntado o que acham (eles se sentem muito importantes). Aliás, algumas de nossas melhores ideias para marketing vieram dos próprios pacientes dos nossos médicos.

Segredo Nº 23
Implemente uma campanha formalizada de encaminhamento

A maioria dos médicos tem os encaminhamentos como a base da estratégia de marketing, mas, surpreendentemente, poucos têm qualquer sistema formalizado pronto para incentivar e reconhecer tais encaminhamentos.

Eu sempre digo aos meus clientes que, se você quiser ser mais recomendado, você tem que criar uma "cultura de encaminhamentos" para que as pessoas saibam o que se espera delas.

Uma cultura de encaminhamentos não acontece da noite para o dia – leva tempo e precisa de uma comunicação dedicada. Nada é mais irritante do que um fornecedor de qualquer tipo que vive nos perseguindo para que os recomendemos. (Você conhece consultores financeiros assim? Eu certamente conheço!)

O primeiro passo para a criação de uma cultura de encaminhamentos é a implementação de um sistema de reconhecimento muito simples. Simples mesmo. Quando alguém encaminhar um paciente para você, envie *imediatamente* a essa pessoa um cartão de agradecimento, um vale-presente, um bilhete personalizado, ou um pequeno presente. Muito, *muito* poucos médicos expressam qualquer reconhecimento quando são indicados, mas esta é uma enorme área de oportunidade inexplorada em seu negócio.

Outra estratégia para construir uma cultura de encaminhamentos é reconhecer publicamente todos os que indicarem a sua clínica (as pessoas adoram ver seus nomes impressos). Fazemos isso para muitos de nossos clientes em seus sites, em seus ezines semanais ou seus boletins impressos (mais sobre estas estratégias adiante).

E, finalmente, uma terceira estratégia para obter mais encaminhamentos é fazer uma promoção para todos os seus atuais pacientes a fim de incentivar mais consultas durante períodos tipicamente lentos (isso é conhecido como "House List" em linguagem de marketing). Uma das nossas campanhas para encaminhamentos de maior sucesso foi feita para um consultório de ginecologia durante as férias de verão (quando as mães estressadas geralmente estão ocupadas demais para cuidar de si e marcar consultas de check-up). Criamos um tema havaiano para a campanha e todos os funcionários vestiram camisas havaianas, usaram colares e ofereceram às pacientes refrescos ao estilo havaiano por quatro semanas.

Segredo Nº 24
Crie uma "apresentação padronizada de 15 minutos" sobre sua clínica e o valor do que você faz

A vantagem de ter uma apresentação padronizada (também conhecida como apresentação "enlatada") é que um de seus funcionários, simpático e amigável, com boa habilidade de comunicação, pode levá-la a outras clínicas médicas, juntamente com uma caixa de muffins e café quente, antes que o dia "oficialmente" comece. Sempre que utilizamos esta estratégia para qualquer um de nossos clientes, o índice de encaminhamentos salta – e em alguns casos, já dobrou!

Você não precisa contratar um médico para este papel – na verdade, alguém de seu pessoal certamente gostaria de ter a oportunidade de sair um pouco da clínica. Só não se esqueça de fazê-los "ensaiar" com você primeiro, para ter certeza de que estão fazendo tudo com profissionalismo. Apresentação "padronizada" simplesmente significa uma apresentação que é feita da mesma forma todas as vezes. Ela deve incluir quais são os seus serviços, quem são os seus médicos e uma explicação sobre seus pacientes "mais adequados". Além disso, certifique-se de que o seu funcionário deixa para trás algum material de marketing colateral (ver Segredo Nº 47). Se você decidir usar o PowerPoint como parte da apresentação, assegure-se de que o apresentador sempre leve seu próprio projetor e tela. Ou então, para grupos pequenos, as pessoas sempre podem se sentar em torno de um iPad.

Agora, aqui está um real segredo de marketing. Não crie a apresentação "uma vez e acabou". As apresentações devem ser revistas e atualizadas a cada seis meses, de modo que seu pessoal faça as visitas, idealmente, duas vezes por ano, para "chegar na frente".

Segredo Nº 25
Comece a fazer as apresentações você mesmo

Embora isso possa ser demorado, também pode produzir tremendos resultados, desde que você fale com o tipo certo de pessoas! Não aceite (ou busque) compromissos de palestras, a menos que você saiba que o público se enquadra no seu mercado-alvo. Dependendo da sua área de especialidade, a sua Câmara de Comércio local pode ser um lugar muito bom para começar. Eles são geralmente bem administrados, atraem empresários prósperos e bem-sucedidos e estão normalmente muito ansiosos por bons oradores.

Segredo Nº 26
Use um envelopamento para o seu carro (ok, talvez não o *seu* carro, mas certamente os de sua equipe!)

Talvez você não queira dirigir pela cidade anunciando a sua clínica na lateral do seu carro novo, mas seus funcionários podem ficar muito felizes fazendo isso, especialmente se você lhes oferecer uma quantia mensal que pode ser usada para pagar a prestação do próprio carro. É uma renda adicional que eles não têm que fazer nada para ganhar, e é um investimento em publicidade muito modesto que pode trazer um ROI bastante significativo em seu mercado local.

Segredo Nº 27
Dê ao seu site uma repaginada para realmente conseguir novos pacientes (e não apenas para ficar bonito)

Sites, como você sabe, podem *e devem* ser ferramentas de venda muito poderosas. Infelizmente, muitas clínicas os tratam como um catálogo on-line – preenchendo os espaços com fotos bonitas, gráficos para impressionar e material de publicidade impessoal e desajeitado.

Aqui está uma lista muito básica dos fundamentos "obrigatórios" para o seu site passar de um catálogo on-line para um poderoso "construtor de relacionamento" com o paciente:

1. Ele deve ser feito em Wordpress. Sem "mas nem meio mas". Há uma razão pela qual gigantes como Ebay e Amazon constroem seus sites em uma plataforma Wordpress. Ela tem boa funcionalidade, é de fácil navegação e já contém ferramenta de busca (tornando-a

compatível com Google).

2. Nunca permita que seu site seja criado a partir de um template, ou seja, um modelo (nada de mesmice). Se o seu site parecer exatamente *igual* ao da concorrência, as pessoas vão pensar, automaticamente, que a sua clínica também é igual. Um site personalizado que reflete sua personalidade e valores será muito mais convincente.

3. Ele deve comunicar sua USP (proposta única de venda) em três segundos ou menos (veja Segredo Nº 4).

4. Use material de publicidade "recheado de personalidade". Isto significa usar uma linguagem que não soe corporativa e impessoal, pois ela só faz a sua clínica parecer uma grande instituição médica "sem vida". As pessoas querem médicos que sejam pessoas reais. Você está no negócio de *relacionamentos* – você NÃO é uma mercadoria médica. Deixe o material impessoal e frio para outros médicos (isso irá torná-los todos iguais). Certifique-se de que o tom de seu site (na verdade, de todo o seu marketing) é *pessoal. Personality Infused Marketing*™ é uma das formas mais poderosas e persuasivas de promover sua clínica (e é o antídoto contra ser visto como *"apenas mais um prestador de serviços médicos"*).

5. Não use gráficos elaborados e em flash que podem ser lentos para carregar (se você precisa de outro motivo, o Google não gosta de sites que os usam, e isso poderia prejudicar a colocação de sua página on-line quando alguém procura por seus serviços).

Para obter uma lista completa de atributos necessários para converter seu site em uma poderosa ferramenta de vendas para a sua clínica, por favor envie e-mail ao meu escritório: hello@ PremierPhysicianMarketing.com.

Segredo Nº 28
Adicione um "opt-in magnet" ao seu site para demonstrar afinidade com pacientes em potencial e construir um relacionamento

Um opt-in magnet, em linguagem de marketing, é algo de valor que os possíveis pacientes podem querer em troca de lhe dar os seus endereços de e-mail. Poderia ser um relatório especial grátis sobre as cinco mais recentes descobertas antienvelhecimento deste ano, ou os segredos de beleza das estrelas, ou como tratar suas veias sem ter que ir a um hospital.

Segredo Nº 29
Crie cartões de visita para todos da sua clínica

Isto pode parecer óbvio – mas como os seus funcionários usam os seus cartões de visita? E que informações têm os cartões? Use ambos os lados do cartão para transmitir a sua mensagem e passar informações importantes – a que pacientes você atende, os serviços que você oferece, o seu programa de encaminhamentos, ou até mesmo o depoimento de um paciente com fotos de "antes e depois".

Segredo Nº 30
Use um calendário de marketing para planejar cada uma das atividades de marketing

Uma das maneiras mais seguras de sistematizar

e automatizar o seu marketing é ter um plano antecipado que detalha quais campanhas e promoções serão lançadas e quando. É, provavelmente, o documento mais valioso em sua clínica, pois, em essência, é o roteiro para alcançar a receita desejada. Seu calendário de marketing deve, especificamente, agendar as campanhas para veicularem durante períodos mais "devagar" (por exemplo, as férias escolares) para ajudar a aumentar o fluxo de caixa, e devem aproveitar todos os feriados e festividades do ano, como o Natal, Ano Novo, Carnaval, Páscoa, Dia dos Namorados, etc.

Você gostaria de um exemplo de calendário de marketing? Mande e-mail para meu escritório: hello@PremierPhysicianMarketing.com e nós lhe mandaremos um, para dar início às suas ideias promocionais.

Segredo Nº 31
Realize um webinar

À medida que a concorrência se torna mais acirrada – especialmente na área de medicina estética, mais os pacientes precisam de formas confiáveis de se instruírem devidamente. Esta é uma grande oportunidade para a sua clínica. Webinars são uma excelente ferramenta educacional e de construção de relacionamento que não exige a realização de eventos elaborados, e eles podem ser conduzidos do conforto de sua poltrona de casa (se você preferir). Da mesma forma, seus pacientes em potencial não têm que se deslocar para nenhum lugar e podem acessar quando as crianças já estiverem dormindo. Webinars podem ser interativos, dando às pessoas a oportunidade de fazer perguntas ou mandar e-mails; ou podem ser simplesmente uma forma de você apresentar um conteúdo valioso e permitir que as pessoas o "conheçam" em um ambiente sem ameaças.

Segredo Nº 32
Faça uma campanha de mala direta em vizinhanças onde você já tem pacientes (ou que se encaixam no perfil de seu "paciente mais adequado")

Sou uma grande fã da mala direta quando feita *corretamente* (o que poucas clínicas fazem bem). A visão predominante é que a mala direta é velha e ultrapassada, à medida que mais e mais empresas migram para a Internet. Isso é ótimo. Deixe que vão! Isso significa que há muito menos concorrência na caixa do correio. De acordo com um estudo realizado pela "Direct Mail Association", a mala direta continua a superar o marketing digital na razão 7 para 1.

Ao enviar uma campanha de mala direta, a grande consideração a fazer é a *quem* enviar. Ao invés de apenas escolher uma região geográfica e comprar uma lista de endereços, comece com um pouco de trabalho de detetive. Descubra as áreas onde os seus pacientes "mais adequados" estão e envie, consistentemente, campanhas de mala direta a essas áreas.

Segredo Nº 33
Inclua um blog no seu site

Infelizmente, há tantos blogs mal escritos na Internet que fico arrepiada. Um blog não é uma oportunidade apenas para mostrar conteúdo ao mercado. É uma oportunidade para você construir um relacionamento com os pacientes e os pacientes em potencial, e para posicionar bem a sua clínica. Os consumidores de hoje são espertos. Eles podem reconhecer os blogs de "conteúdo genérico", escritos por ninguém em especial. Enquanto esses blogs podem estar ajudando o seu site do ponto de vista da SEO – "Search Engine Optimization", ou seja, Otimização para Mecanismos de Busca, eles estão fazendo muito mais para prejudicar a sua marca e o seu posicionamento. Eu até já soube de algumas agências de marketing que usam o que é conhecido como um "spinner" para gerar eletronicamente conteúdo para blogs médicos! Lembre-se: cada trabalho de marketing e toda comunicação que você tem com seus pacientes, ou os *aproxima* de você, ou os *afasta*. Não há meio termo. Um blog bem escrito também pode aumentar significativamente o tráfego para o seu site. E foi isso que um dos nossos clientes recentemente experimentou em primeira mão, quando o acesso ao seu site dobrou, após seis semanas postando o que nós escrevemos para seu blog.

Segredo Nº 34
Escreva artigos

Editoras, em todos os lugares, estão correndo atrás de conteúdos bem escritos para os leitores de suas publicações. Escrever artigos para jornais locais, revistas ou mesmo blogs da comunidade é uma ótima maneira de promover o seu nome e estabelecer-se como um especialista em sua área. Tenho a sorte de ter publicado artigos em várias revistas, periódicos especializados e jornais – e até hoje ainda recebemos chamadas em nosso escritório de alguém que leu meus artigos – por vezes depois de dois anos!

Segredo Nº 35
Comece uma newsletter com papel e tinta

Uma das melhores estratégias para reter pacientes e obter lucro que eu descobri é... a humilde "newsletter", ou boletim informativo, de papel e tinta! Entregue "à moda antiga" nas caixas de correio REAIS dos seus pacientes (e não suas caixas de e-mail).

Você deve estar pensando: – É mesmo? Escrita com papel e tinta? Não seria um tédio?

Primeiramente, não estou falando de uma newsletter qualquer. Se não tiver uma leitura fascinante, então ela simplesmente não vai lhe trazer o resultado desejado. Tem que ser uma newsletter informativa, que pareça interessante e divertida, além de completamente diferente de qualquer outra que circule por aí.

Aqui está um exemplo de uma newsletter impressa que mando para meus clientes chamada *The Premier Physician Insider's Marketing Report Monthly*. Tivemos tantos pedidos de pessoas que não eram clientes para começar a recebê-la que tivemos que começar a cobrar pela sua assinatura anual!

Se você quiser um exemplar gratuito da mais recente edição de *Insider's Marketing Report*, mande e-mail para o meu escritório: hello@ PremierPhysicianMarketing.com.

Is Your Marketing as Good as *You* Are?

One day I was out riding my horse on a trail not far from our house, and all of a sudden there was a rustle in the bushes to our left. My mare exploded in fright — convinced she was about to be eaten, and it would usually be at about this point that I would have found myself eating dirt (best case scenario) or with broken bones and serious injury (worst case scenario). It turned out the rustle was nothing more than a chipmunk on the hunt for a rogue nut, but it took my horse a full ten seconds to calm down and for me to release my death grip on the horn of my new saddle.

It was just then that I realized that the only thing that kept me in my seat was my new (uber expensive) saddle — purchased just a couple weeks earlier.

Although I've owned a horse for six years, like most new riders I didn't know too much about the right equipment to buy. So I relied on the recommendations of others, which had resulted in my having a very "piece-meal" saddle and bridle that I was always swapping bits in and out of. What it really meant was that I wasted significant amounts of money and valuable horse-riding time grappling with equipment, instead of enjoying riding my horse. A month earlier

I had decided I'd had enough of doing things the hard way. I sought out the very best horse trainer I could find — an Australian guy based in Texas. He took one look at my equipment and, unlike every other trainer I had worked with who just "added stuff", he took *everything* off and we started from scratch. The end result — a brand new expensive saddle, renowned for helping you keep your butt in your seat and building your confidence in the saddle.

Veja por que uma newsletter bem escrita, impressa mensalmente, pode ser uma estratégia de marketing transformadora para a sua clínica:

1. Constrói relacionamento – ajuda as pessoas a "conhecerem" você e sua equipe.

2. É uma maneira poderosa de reter pacientes. Alguns de nossos clientes são contatados por seus pacientes quando estes não recebem

seu boletim mensal pontualmente.

3. É um modo de fazer ofertas especiais e aumentar vendas (com bom gosto e sem pressão).

4. Gera pacientes – pode ser mandada a prováveis pacientes que tenham ligado para a clínica e também para antigos pacientes.

5. Estabelece seu status como um "expert" – a newsletter de sua clínica é uma vitrine onde você pode mostrar suas habilidades e realizações.

6. É um meio que permite que os pacientes leiam sobre outros pacientes e saibam do sucesso deles (reforçando a importante decisão de escolher você para médico).

7. Uma newsletter impressa cria uma experiência memorável para seus pacientes (é muito provável que você seja o único médico que lhes manda algo útil pelo correio).

8. Tem o valor da "transmissão" – pode ser passada para amigos e familiares.

9. É uma maneira de injetar prazer e personalidade em seu negócio!

Alguns de nossos clientes demoraram algum tempo para se acostumar com a ideia de nós criarmos uma newsletter para eles. – Não deveria ser eletrônica? Normalmente perguntam. – Não! Mas eles geralmente se tornam os seus maiores defensores, logo após a primeira edição, quando veem o resultado. Experimente fazer uma para sua clínica e veja por si mesmo!

Segredo Nº 36
Escreva um ezine

O que é um *ezine*? É uma simples newsletter on-line, normalmente enviada semanalmente, que ajuda a manter os pacientes conectados com a sua clínica e a fortalecer o relacionamento com eles. É também uma poderosa ferramenta de posicionamento e venda, quando utilizado corretamente!

Aqui estão algumas dicas úteis para criar um ezine:

1. Inclua um artigo curto sobre um tópico útil para seus pacientes.

2. Use um título chamativo, para aumentar as chances que seja aberto.

3. Dê "Novas Informações sobre a Clínica" – as pessoas adoram saber o que outras pessoas estão fazendo. Anuncie novos membros da equipe, fale alguma coisa sobre suas vidas pessoais, e coisas assim.

4. Mostre fotos de "antes e depois".

5. Inclua uma oferta!

Segredo Nº 37
Crie um kit "Bem-Vindo à Nossa Família" para novos pacientes

Esta é uma estratégia de marketing relativamente avançada que eu descobri quando trabalhava com consultores financeiros. Como você deve estar ciente, tendo em vista a quantidade de material de marketing que você recebe de consultores financeiros oferecendo gerenciar o seu dinheiro – esta indústria é altamente competitiva, especialmente no marketing para os mais ricos (definidos como qualquer pessoa com ativos de investimento de um milhão de dólares ou mais). Adicionar mais um cliente afluente pode valer mais de 60 mil dólares em taxas ou comissões para um negócio, e isso se multiplica se eles também trouxerem os seus amigos! Assim, para garantir que meus clientes realmente se diferenciavam de seus colegas, eu redesenhei toda a sua experiência – desde o primeiro contato até quando se afastavam ou faleciam. Criar um "Kit de Boas-Vindas ao Novo Cliente" foi uma parte essencial dessa estratégia.

Funciona assim: um "Kit de Boas-Vindas ao Novo Cliente" seria mandado via correio (FedEx) para um novo cliente no dia seguinte ao primeiro encontro. O propósito era fazer quatro coisas:

1. Surpreender e agradar o cliente (que outro consultor financeiro já teria lhe mandado algo assim?)

2. Dar-lhes o direito de se gabar para os amigos.

3. Construir afinidade e relacionamento.

4. Demonstrar que aquela firma era verdadeiramente diferente – em todos os sentidos.

O conteúdo do kit variava, dependendo da firma e do público-alvo. Por exemplo, um kit para um cliente de alto nível incluía taças para champanhe com monograma, duas garrafas de um excelente vinho, uma manta com monograma, assinaturas para três diferentes revistas de seu interesse, uma cesta de piquenique – a ideia é essa. Talvez a parte mais importante tenha sido a carta de apresentação calorosa e agradável dando as boas-vindas ao novo cliente. Essa ideia pode ser facilmente adaptada para a sua clínica. Mais uma vez, volte ao valor que representa um novo paciente antes de decidir que não!

Segredo N⁰ 38
Faça campanhas com Google AdWords

Google AdWords, também conhecido como publicidade Pay-Per-Click, é o sistema do Google em que os anunciantes especificam certas palavras-chave, a fim de que seus anúncios clicáveis apareçam nas colunas da direita e nas partes superiores das páginas de resultado de busca do Google. A ideia é que quando alguém procurar por determinadas palavras-chave, como "Cirurgião Plástico Copacabana" – o seu anúncio apareça no topo, ou perto do topo, dos resultados da busca, de modo que os usuários que clicarem sobre ele sejam direcionados para o seu site ou oferta especial.

Apesar de administrarmos várias campanhas do Google AdWords para clientes como parte de nosso *Concierge Marketing Program*, minha recomendação é que você não precisa ter campanhas do AdWords, se você já estiver investindo em serviços de SEO (Otimização para Mecanismos de Busca) que estejam funcionando bem para garantir que a sua clínica consiga uma listagem "orgânica" de primeira página no Google (um resultado natural, em contraste com um "patrocinado").

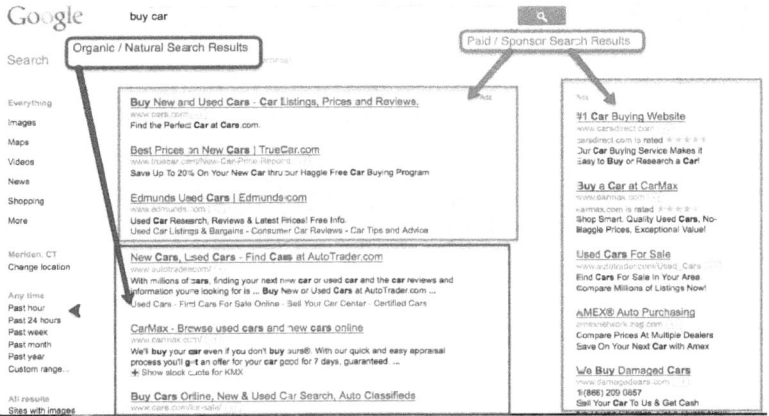

Ter campanhas do AdWords é uma fantástica estratégia de marketing de curto a médio prazo para aumentar o tráfego do seu site, se o site não estiver se posicionando no topo com o Google. É uma forma de minar seus concorrentes, porque o seu anúncio pode ser mostrado no topo dos resultados de busca em vez dos anúncios deles. A desvantagem, entretanto, é que o AdWords é uma forma de marketing extremamente complexa, que é amplamente oferecida, mas extremamente difícil de fazer com eficiência. Ela requer o conhecimento de *como* Google hierarquiza suas palavras-chave, além de uma habilidade de redação extremamente avançada para fazer as pessoas clicarem em *seu* anúncio em vez dos dez ou quinze outros presentes na página. Fazemos várias campanhas de Google Adwords para nossos clientes e esta é uma de minhas estratégias de marketing favoritas para conseguir novo tráfego para o site ou página de oferta rapidamente. Como estratégia de longo prazo, no entanto, geralmente não é necessária, desde que sua SEO esteja consistentemente colocando-o de forma "orgânica" na primeira página da busca Google.

Para mais informações sobre nosso Programa de

Marketing Digital (que inclui 500 dólares por mês de anúncios AdWords grátis), mande e-mail para: hello@PremierPhysicianMarketing.com.

Segredo Nº 39
Realize uma campanha de "co-marketing" com outro negócio local

Co-marketing é uma forma pouquíssimo utilizada e altamente econômica de marketing. Eu prefiro chamar de "piggy back marketing", porque, essencialmente, você está "pegando carona" na boa reputação e relacionamento que outra empresa tem com seus clientes.

Aqui está um artigo que escrevi sobre isso, com mais ideias de como fazer marketing em conjunto da maneira mais eficiente:

Esta semana eu falei com um grupo de médicos sobre o poder do co-marketing (também conhecido como marketing de joint venture). Co-marketing é tão incrivelmente poderoso que pode praticamente dobrar o tamanho de sua clínica em um período muito curto de tempo.

Hoje eu pensei em dividir com você algumas das estratégias que dividi com eles:

Em primeiro lugar, o que é co-marketing? É apenas um termo pomposo para descrever a parceria com outra empresa que vende produtos e serviços complementares aos clientes em seu mercado-alvo.

Um exemplo de co-marketing é um dermatologista e um dentista locais que decidem fazer uma promoção cruzada dos serviços um do outro (ou seja, marketing em conjunto).

Aqui estão dois exemplos simples e de baixo custo de coisas que poderiam fazer para se promoverem um ao outro:

1. Cada consultório ou clínica cria uma placa para pendurar na sala do outro, com uma oferta irresistível. Por exemplo: "Dermatologia Hudson oferece a todos os nossos pacientes odontológicos um kit para cuidados da pele grátis no valor de US$100 com a sua primeira consulta – basta dizer que nós o mandamos lá!" O dentista marca ponto com seus pacientes, pois está lhes trazendo uma oferta valiosa e útil, e o dermatologista começa a se beneficiar de um aval implícito do dentista e fortalece o bom relacionamento com seus pacientes.

2. Crie uma "correspondência de suporte". Um exemplo desta correspondência é uma carta que <u>o dentista envia para sua própria lista de pacientes</u>, recomendando os serviços do dermatologista e falando-lhes sobre a oferta especial. Esta é uma forma extremamente eficaz de mala direta para o negócio recomendado porque a correspondência não está sendo enviada de modo "frio". A carta de suporte é escrita por alguém de confiança (seu dentista), que eles conhecem, confiam e gostam.

Se você não está aproveitando o poder do co-marketing em negócios – você está perdendo uma oportunidade muito significativa. Veja como você pode começar:

1. Faça uma lista de todos os possíveis negócios que já trabalham com o seu mercado-alvo e ofereça serviços complementares. Pense fora dos padrões – não tem que ser no campo da medicina; pode ser, por exemplo, um agente imobiliário, um salão de cabeleireiro.

2. Elimine todos os negócios cuja imagem de marca e mensagem central não sejam compatíveis com a sua (por exemplo, se eles oferecem serviços mais econômicos e você tem a oferecer serviços de nível superior, não vai haver uma boa equivalência – encontre outro negócio que também ofereça serviços superiores).

2. Decida como você gostaria de fazer marketing em conjunto com eles – por exemplo, placa, correspondência de suporte, newsletter. E, então, decida se vai ser um acordo de reciprocidade, de modo que cada um possa se beneficiar da lista de endereços do outro, ou se vão ser recompensados.

4. Crie uma oferta irresistível como promoção.

5. Agora faça tudo isso e repita!

Capítulo Dois

Proteja Sua Reputação

Proteger a sua reputação profissional nunca foi tão difícil e, graças à proliferação das chamadas "empresas de proteção à reputação", nunca foi tão arriscado. Ouvimos muitas histórias de médicos que contatam uma empresa deste tipo e, menos de uma semana depois de decidir não se inscrever em seus programas, são bombardeados com comentários negativos.

A boa notícia é que nenhum médico tem um histórico perfeito, e ninguém espera que você acerte o tempo todo. Além disso, quando você realmente erra, as pessoas esperam que você tome medidas para corrigir o problema.

Quanto à construção de sua reputação profissional, nenhuma ferramenta de marketing, na minha experiência, pode substituir aquele bom e velho princípio – o *cuidado*.

Quando um comentário negativo acontecer, aqui estão algumas dicas úteis para ajudá-lo, não apenas a sobreviver, mas a transformá-lo em uma peça positiva de publicidade para a sua clínica.

Segredo Nº 40

Peça ao seu pessoal para fazer um acompanhamento regular on-line de sua reputação e comentários de pacientes

Muitas vezes você não precisa de um consultor caro para ajudá-lo a fazer crescer a sua clínica – a leitura dos comentários que fazem on-line revelará rapidamente o que precisa ser corrigido!

Os seus pacientes se queixam que você não fica tempo suficiente com eles? Dizem que ficam na sala de espera por mais de 15 minutos? Será que eles acham que o seu pessoal não lhes presta muita ajuda?

O desenvolvimento de uma clínica extremamente bem sucedida é um esforço de equipe. Infelizmente, como um médico, você não é julgado apenas por sua habilidade, mas pela experiência global que seus pacientes vivem com todos que interagem com eles. É por isso que eu recomendo que você também responsabilize a sua equipe pela qualidade das avaliações feitas on-line. Comemore os comentários positivos com um pequeno presente de agradecimento para todos por um trabalho bem feito (barras de chocolate são sempre recebidas com alegria), e em termos maiores, vincule comentários positivos on-line com bônus da sua equipe (ou, pelo menos, torne isso parte da regra).

Recomendo que alguém monitore os comentários on-line semanalmente, ou no mínimo uma vez por mês. Aqui estão os principais sites que devem ser vistos:

- Yelp.com

- Google

- Vitals.com

- HealthGrades.com

- RateMDs.com

Se a sua clínica for "atacada" injustamente por qualquer crítica on-line – não perca o ânimo! Em maior ou menor escala, isso acontece com todos – o que realmente importa é *como* você responde (veja abaixo alguns conselhos sobre a melhor maneira de lidar com isso).

Em 2012, o New York Times publicou um excelente artigo intitulado "Why the Web Lacks Authoritative Reviews of Doctors", que explica por que a rede não tem comentários confiáveis sobre médicos. Você pode pesquisar no Google, ou enviar e-mail ao meu escritório e nós lhe enviaremos o link. O artigo destaca o fato de que ler opiniões on-line é um meio totalmente inadequado para quem quer tomar uma decisão bem informada sobre a seleção de seu médico. Se um possível futuro paciente telefona para sua clínica e menciona qualquer crítica on-line negativa, você pode lhe enviar um link para este artigo, o que certamente vai ajudar a acalmá-lo.

Segredo Nº 41
Responda com rapidez a qualquer comentário on-line negativo

O Que Fazer Quando Você Recebe Um Comentário Negativo

Julie Guest

Sites de avaliação on-line, como Yelp.com, Google, Vitals.com, etc. são ótimos para ajudar os pacientes a tomar decisões bem informadas sobre a quem eles darão o seu dinheiro. Os sites também são uma ferramenta de marketing incrível, dando às clínicas locais a chance de ganhar divulgação boca a boca que nenhum dinheiro gasto com anúncios pode comprar.

Entretanto, sendo este serviço de avaliação uma plataforma aberta de expressão para qualquer pessoa, isso também significa que qualquer paciente mal-humorado pode falar mal de sua clínica, prejudicando a sua reputação e diminuindo a sua receita.

A boa notícia é: você não está de mãos atadas. Você pode fazer alguma coisa a respeito de um comentário negativo... e, por razões que vou revelar logo adiante, receber uma crítica negativa pode realmente ser uma grande bênção disfarçada – para impulsionar sua reputação – desde que você lide com isso da maneira certa.

Então, se um paciente irritado critica você na Internet, aqui estão cinco passos para recuperá-lo e ainda conquistar mais pacientes no processo...

1) Entre em ação revendo regularmente o seu perfil on-line

Não espere que um membro da família ou amigo lhe dê um alerta ou que você mesmo tropece em uma avaliação desagradável. Programe um horário regular para olhar, não apenas o seu perfil nas opiniões on-line, mas também os de seus concorrentes, para ter uma ideia geral da experiência dos pacientes. Algum paciente descontente pode lhe deixar um comentário desnecessariamente ruim, que é prejudicial ou inútil, e isto pode ser abordado. Mas uma vantagem frequentemente negligenciada de patrulhar o seu perfil é que você pode usá-lo como (e principalmente como) uma pesquisa de mercado imparcial e grátis. Se você recebe consistentes elogios ou reclamações sobre um aspecto da sua clínica, você pode identificar as áreas que precisam ser melhoradas ou ter uma ideia do que é que os seus pacientes estão realmente gostando. Além disso, sua presença vai mostrar que você está realmente interessado no feedback deles, o que ajuda a fortalecer o seu relacionamento.

2) Explore a reclamação a fundo

Quando você se deparar com um comentário negativo, pare um momento e considere o que realmente o causou – muitas vezes há uma ponta da verdade nas reclamações. Yelp está definitivamente infestado por seres anônimos desabafando sobre coisas fora de seu controle, e você pode verificar a história do perfil do revisor para determinar se deve ou não tentar remediar a queixa, mas você deve realmente reservar um tempo para pesar cada reclamação de forma igual e procurar uma oportunidade para resolver o problema. Não importa se você acha que um comentário negativo é justificado ou não, eu recomendo que você poste uma resposta a ele. Se não o fizer – você estará enviando uma mensagem aos seus futuros pacientes que, talvez, você não os leva tão a sério.

3) Envie uma mensagem particular

Se a queixa parece ter fundamento (é uma verdadeira reclamação e não apenas um fantasma do Yelp se lamentando sobre coisas fora de seu controle), mande uma "mensagem direta" ao revisor primeiro. Peça desculpas e reconheça a sua reclamação (não tente dar desculpas). Diga-lhe que você valoriza o seu feedback e ofereça uma maneira específica de "fazer as pazes". Além disso, forneça um número para contato direto e diga que ficaria feliz em lhe falar pessoalmente. Este gesto pessoal cria uma responsabilidade que eles podem não ter sentido antes. Mesmo que não respondam, você sabe que fez um legítimo esforço.

4) Poste sempre uma resposta pública

Se o revisor não respondeu à sua mensagem pessoal, deixe uma resposta pública – não uma refutação – dizendo que você aprecia seu feedback, lamenta a sua experiência, e que você enviou-lhe uma mensagem com os seus dados para contato e ficaria feliz em falar com ele para resolver a questão. Mesmo que o paciente não mude de opinião, isso permite que todos saibam que você valoriza o seu feedback. Mas nunca solicite que um revisor mude seu comentário (nem na mensagem pública nem na pessoal). Pacientes satisfeitos, que são ativos no Yelp, muitas vezes alterarão os comentários feitos contra você.

5) Solicite mais comentários para "cobrir" o negativo

A melhor maneira de melhorar sua classificação (e combater esses pacientes negativos) é conseguir mais comentários. Informe a todos os seus pacientes que você incentiva e acolhe o feedback deles. Você pode anunciar na clínica e no site que você está oferecendo descontos especiais ou incentivos para os pacientes que mostrarem a prova que deixaram um comentário – embora, mais uma vez, não solicite comentários positivos. Isso mostra que você está ativamente interessado em uma comunicação bidirecional com os seus pacientes – e isso é uma construção de relacionamento que vale ouro.

Além disso, lembre-se sempre do seguinte para cuidar de sua boa reputação:

Não se envolva em táticas de venda de alta pressão.

Contrate funcionários que *realmente* se preocupem com o bem-estar das pessoas (e não que apenas "façam o serviço direito").

Capítulo Três

Construa Sua Marca

Segredo Nº 42
Evite todo marketing que faça sua clínica parecer igual às outras

Fico sempre espantada com agências de marketing que, literalmente, têm milhares de clientes aos quais oferecem marketing médico praticamente idêntico. Todos os sites têm a mesma aparência (exceto uma mudança no logotipo e algumas imagens diferentes). Eles usam praticamente as mesmas postagens na rede social e a mesma publicidade no Google AdWords – fazendo com que todos os médicos pareçam idênticos. Nada é mostrado que ajude a destacar a sua clínica – e imagine como é difícil para um paciente em potencial fazer uma escolha quando todo mundo está dizendo a mesma coisa e parecendo igual. Não quero ofender ninguém, e se você que está lendo este livro usa uma agência de marketing que também tem seus concorrentes como clientes, saiba que isso ainda é melhor do que não fazer marketing nenhum. Tal marketing coloca a sua clínica em clara desvantagem em relação a qualquer outra que esteja utilizando o marketing *personalizado*, projetado especificamente para ela, a partir do zero.

Muitos dos nossos clientes vêm para nós, deixando outras agências de marketing médico que insistem em promovê-los como uma "mercadoria médica" – você oferece Botox ou Ultherapy, você realiza escleroterapia, etc. – e tudo que eles promovem são seus produtos e serviços, em vez daquilo que a sua clínica tem de completamente exclusivo – VOCÊ.

Sua personalidade, suas convicções básicas, a forma como você trata seus pacientes, tudo isso é *exclusivo* da sua clínica, e a nossa experiência mostra que a promoção de tudo isso, mais do que qualquer outra coisa, é o que vai ajudar a formar um relacionamento com os potenciais pacientes e fazer a sua clínica se destacar do resto. É o *Personality Infused Marketing*™, o que nos leva ao próximo ponto muito importante...

Segredo Nº 43
Faça publicidade de resposta direta

Em marketing – há basicamente dois tipos de publicidade que você pode usar:

1. Publicidade com base na marca/imagem.

2. Publicidade de resposta direta (que leva as pessoas a tomar iniciativas imediatas e responder).

Porque a maioria dos empresários não tem ideia de como promover seus negócios, eles costumam fazer uma dessas duas coisas (às vezes ambas):

1. Copiar o que a concorrência está fazendo. Esta é uma má ideia, porque é muito provável que também a concorrência não saiba como

fazer marketing, e o resultado será fazer a sua clínica se parecer com as clínicas deles.

2. Copiar a publicidade das "grandes empresas", que é a publicidade de *marca* e *imagem*. Ao fazer isso, os empresários acreditam que, se eles divulgarem o seu nome e imagem bastante vezes, haverá mais negócios. A verdade é que haverá... mais cedo ou mais tarde, desde que você tenha um orçamento para marketing na casa dos muitos milhões de dólares, como Target, Ford, Walmart, Pepsi. etc.

Fazer publicidade baseada na marca e na imagem é uma maneira muito lenta e muito cara de desenvolver a sua clínica. E, verdade seja dita, mesmo com um orçamento para marketing gigantesco, multimilionário, fazer a publicidade da marca, muitas vezes, não ajuda as grandes empresas a venderem mais (basta pensar em todas as centenas de milhões de dólares que a Ford gastou na publicidade de sua marca durante o programa American Idol, e, enquanto isso, eles ainda estavam perdendo rios de dinheiro, na casa dos bilhões de dólares).

Uma maneira muito melhor e mais eficaz de anunciar a sua clínica é usar o marketing de *resposta direta* – ou seja, incluir uma oferta irresistível em cada propaganda que você veicular, com um prazo para resposta. É cem por cento rastreável (ao contrário da publicidade da marca), ajuda a construir a sua marca (como um bom subproduto), e vai ajudá-lo a produzir um ROI bem maior no seu orçamento para marketing, pois você vai, finalmente, saber qual tipo de marketing está funcionando, qual não está, e qual deve continuar a ser testado e ajustado até que funcione!

Para exemplos de publicidade de resposta direta de grande eficácia para clínicas médicas, envie e-mail a: hello@PremierPhysicianMarketing.com

Segredo Nº 44
Assegure-se de que os membros de sua equipe se vestem e agem de modo profissional

Pequenas coisas têm muita importância em como somos julgados. Certifique-se de que os membros de sua equipe mantêm uma imagem coerente e profissional, independentemente da situação. Eu recomendo que sua equipe médica use jalecos da mesma cor (sem estampas) – talvez com cores diferentes para cada dia da semana, e que os seus funcionários se vistam como os profissionais que são – apenas uma maquiagem leve, roupas discretas, saias abaixo dos joelhos, etc. Talvez você

"The worrying thing is, I'm exactly the same age as Tina Turner."

queira escolher um sistema de cores – por exemplo, todos os funcionários de um dos meus clientes se vestem de preto. Eles podem escolher qualquer estilo de roupa, desde que seja preta.

A implementação de um código de vestuário formal em sua clínica é uma ótima maneira de pôr em prática esses parâmetros. Para a cópia de um deles, envie um e-mail ao meu escritório: hello@PremierPhysicianMarketing.com.

Igualmente importante, desencoraje conversas pessoais entre funcionários que qualquer paciente possa ouvir. Para isso existe a sala de descanso. Embora possa ser fascinante comentar o novo estilo de barba de Brad Pitt, isso não retrata uma imagem profissional de uma equipe atenciosa.

Segredo Nº 45
Beba de sua própria bebida (e assegure-se de que sua equipe a bebe também)

Você já foi cortar (ou tingir) o cabelo com uma estilista cujo próprio cabelo parecia ter sido cortado por um cortador de grama? Que tal comprar um novo BMW do vendedor de carros que dirige uma Fiat, ou o ortodontista com dentes tortos? A conclusão é que você e seus funcionários são propagandas vivas da sua clínica. Se você atuar no campo da medicina estética e a pele dos seus funcionários estiver cheia de linhas, envelhecida e flácida – ninguém nunca vai lhe dizer isso, mas a conclusão imediata que a maioria dos pacientes tira é que você não deve ser tão bom assim naquilo que faz. Eu sei que alguns médicos têm dificuldade com isso – especialmente em oferecer seus serviços aos funcionários a baixo ou nenhum custo. Mas esse pensamento é muito limitado! Esse não é o momento de ser mão-fechada! Seus funcionários são seus *modelos vivos* que se movimentam dentro dos círculos de influência deles, e podem ajudar a atrair um fluxo contínuo de novos pacientes!

Segredo Nº 46

Dê (especialmente durante as festas de fim de ano)

As festas de fim de ano são definitivamente tempo de dar.

Talvez você já tenha algum tipo de programa de doações em sua clínica. Talvez você tenha uma caixa de doações para alguma instituição, ou até mesmo uma cesta, onde os pacientes podem deixar alimentos, roupas e brinquedos para famílias ou crianças menos afortunadas.

Pessoalmente, esta é a minha época favorita do ano (apesar da loucura das lojas). Não há melhor momento para servir aos outros do que este. Na *Premier Physician Marketing*, nós patrocinamos refeições para o programa "Meals on Wheels", (ou Refeições Sobre Rodas), doamos dinheiro para o abrigo "Huron Valley Humane Shelter", e todos da equipe recolhem doações de roupas e alimentos para famílias necessitadas.

Seja qual for o programa de doações na sua clínica, ele mostra que vocês têm bom coração.

Porém, você já tomou todas as providências possíveis para garantir que a *sua própria* cesta de alimentos fique cheia?

E se você pudesse promover sua coleta beneficente de graça? E se houvesse uma maneira de coletar mais alimentos do público para encher a sua cesta? E, que tal se houvesse um benefício indireto de, possivelmente, atrair algumas pessoas novas para sua clínica e... talvez elas se tornassem pacientes?

Felizmente, existe um modo simples de fazer isso:

Primeiro passo: Escreva um comunicado à

imprensa promovendo a sua coleta beneficente de alimentos ou brinquedos e mande um e-mail ou fax para a mídia local.

Segundo passo: Certifique-se de incluir detalhes específicos. Por exemplo: onde deixar as doações, que tipos de artigos você está coletando, para onde vão depois de recolhidos, por quanto tempo você irá aceitar doações e qual é o seu objetivo.

Terceiro passo: Avise aos seus pacientes – em sua newsletter, por meio de seu ezine, ou mesmo um simples e-mail.

Todos os meios de comunicação (especialmente os jornais) amam essas histórias "confortantes", especialmente nesta época do ano. Talvez você consiga um lugar no calendário de eventos, ou até mesmo um artigo seja escrito sobre você. Oxalá isso leve novas pessoas à sua clínica para deixar a doação e, quem sabe, elas possam se transformar em pacientes seus!

Você se sente mal por pedir doações e, indiretamente, conseguir um paciente ou dois como consequência? Não se sinta mal com isso. Muitas organizações de caridade têm programas já prontos, criados especificamente para este fim, e muitas vezes incluem tudo que você precisa, até um modelo de comunicado à imprensa personalizado para você, onde tudo que você precisa fazer é preencher os espaços em branco.

Quando Bill Gates faz uma doação de um bilhão de dólares para a "Associação Mundial para Consciência da Aids", ele sabe que a mídia vai estar toda lá. Como o mais generoso filantropo do mundo, ele também procura criar publicidade não só para a instituição de caridade, mas também para si mesmo. A instituição não se incomoda com a sua promoção – por que se incomodaria? Eles, muito provavelmente, estão lutando por doações, e recebem um bilhão de dólares, além de toda a publicidade extra.

Se você fizer um programa de doações em sua clínica, será tão bom para a instituição de caridade quanto será para você promovê-lo da forma mais ampla possível. Isto inclui enviar comunicados à imprensa, bem como anunciá-lo em sua newsletter para seus pacientes, o que vai não apenas resultar em mais doações para a instituição de caridade, mas poderá muito bem resultar em alguns novos pacientes para você, e alguns comentários muito favoráveis também.

Segredo Nº 47
Assegure-se de que sua clínica tem um colateral de marketing bem escrito, informativo e chamativo

Aqui está uma lista básica do material de marketing que você precisa para promover sua clínica e construir sua marca:

- Um panfleto interessante (não aquele fininho dobrado em três, por favor, pois todos o usam – meu favorito é quadrado, geralmente 15cm x 15cm, dobrado em sanfona).

- Cartões de visitas que utilizem frente e verso.

- Seu próprio material de informação para o paciente – não entregue simplesmente as informações impressas por fabricantes (com a marca deles por toda parte). Sua informação é extremamente importante – ajuda a formar relacionamento com seus pacientes e deve fazê-los sentir como se você mesmo estivesse lhes dando as informações, ao invés de se sentirem como se estivessem lendo um livro de medicina.

- Uma biografia profissionalmente escrita sobre você e sua clínica (para apresentar à mídia, para acrescentar ao Kit de Boas-Vindas, etc.)

- Cartões e notas de agradecimento (o ideal é que tenham não apenas a sua marca, mas também uma foto da equipe, uma foto de você e sua família, etc. – lembre-se, quanto mais personalizado você fizer o seu marketing, mais eficaz ele será).

- Cartões para as consultas de acompanhamento e/ou as consultas perdidas.

Capítulo Quatro

Retenha Seus Atuais Pacientes

Segredo Nº 48
Faça mais do que é esperado

Felizmente, isto não é difícil de fazer em uma clínica. Seus funcionários devem cumprimentar cada paciente pelo nome e se esforçar por conhecê-los bem (e acrescentar as informações pessoais aos seus arquivos). – Como está o seu gato depois da cirurgia na garganta, Srª Ana? – Será ainda melhor se você tiver uns 30 segundos para ler as informações antes de vê-los e puder também lhes perguntar (eles vão cair para trás). Gestos simples podem significar muito!

Segredo Nº 49
Forneça um acompanhamento fantástico

Peça aos seus funcionários para telefonar para cada paciente após um tratamento para verificar como estão passando. (*Lembre-se, eles estão construindo um relacionamento com os pacientes em seu nome.*) Envie-lhes um cartão dizendo

"Fique Bom Logo" ou "Pensamos em Você". Envie flores!

Segredo Nº 50
Tenha uma clínica sem atrasos

Se você tem alguma dúvida sobre como isso é importante para os seus pacientes, basta acessar um dos sites de avaliação on-line, como Yelp.com por exemplo, e ler os comentários das pessoas sobre outros médicos. Ter que esperar "horas" para ser atendido pelo médico é uma das maiores queixas. E esta queixa é geralmente seguida por: – Depois de toda aquela espera, o médico me consultou em três minutos!

Segredo Nº 51
Trate os seus pacientes atuais tão bem quanto (ou melhor que) seus novos pacientes

Esta é uma implicância minha – aquelas clínicas que buscam freneticamente novos pacientes com ofertas loucas que nunca, jamais, são oferecidas aos seus antigos pacientes fazem com que estes se sintam como "notícias de ontem" (como se diz na Nova Zelândia), tornando-os vulneráveis a deixá-las em favor de seus concorrentes.

Se você fizer uma oferta especial para novos pacientes, faça uma segunda campanha e dê a mesma oferta a seus atuais pacientes com uma mensagem mais ou menos assim: "Estamos oferecendo a todos os nossos novos pacientes um desconto de 50% no seu próximo procedimento, mas certamente não queremos deixar você de fora! Aceite este cupom de 50% de desconto, válido até [data] – e se você não puder usá-lo, presenteie-o a um amigo (que lhe ficará muito grato!)"

Com este único evento, nossos clientes conseguiram 14 novos clientes e "recuperaram" 7 clientes que estavam em vias de serem perdidos. O valor vitalício de um novo cliente era cerca de 75 mil dólares, portanto esses números não eram nada desprezíveis!

Segredo Nº 52
Dê uma festa de apreço aos pacientes

Esta é uma estratégia muito poderosa e provavelmente não é feita por ninguém no seu mercado. Em primeiro lugar, todo mundo adora festas, e em segundo lugar, todo mundo gosta de ser valorizado! Eu percebi pela primeira vez o poder desta estratégia ao usá-la para uma firma de consultoria financeira que operava no mercado mais ferozmente competitivo que você pode imaginar – ricos aposentados com ativos de investimento de mais de um milhão de dólares.

Marcamos o evento de valorização do cliente cerca de um mês antes da popular festa americana do Thanksgiving (evite fazê-lo durante o verão pois o comparecimento será provavelmente menor). Enviamos convites pessoais que incluíram dois ingressos adicionais para dar aos amigos. Confirmação antecipada da presença foi necessária, e no evento os clientes receberam um crachá de cor diferente do crachá dos que não eram clientes.

O evento foi informal. Nós selecionamos uma bela livraria especializada em livros raros como local do evento (o que certamente despertou o interesse das pessoas e acrescentou algo a mais à "experiência" do evento). Havia uma banda tocando ao vivo, foi servido um bom vinho e boa comida, e houve algumas atividades organizadas para ajudar a quebrar o gelo. Não foi de forma alguma um evento para "vender" – foi uma oportunidade para a firma mostrar o seu apreço pelos seus clientes existentes e oferecer aos clientes potenciais a oportunidade de conhecê-los em um ambiente divertido, sem pressão. Cinco novos clientes foram adicionados a partir daquele evento, no valor de mais de 250 mil dólares, e o índice de recomendações aumentou em 35%.

Segredo Nº 53
Crie uma cultura divertida da qual as pessoas gostem de fazer parte

Seu marketing é e deve ser uma parte integrante do que torna a sua clínica divertida! Um dos meus mentores de marketing uma vez me disse que o maior pecado do marketing é ser chato. Eu acho que isso é uma grande verdade. As pessoas gostam de se divertir – seus pacientes e também a sua equipe! Um dos mais altos índices de resposta que já obtive a partir de uma única campanha foi uma carta aos pacientes escrita na pessoa do "esquilo" do consultório, que vivia em uma árvore vizinha e informou sobre os acontecimentos do consultório, fazendo ofertas loucas para os pacientes "sem o conhecimento do médico", porque sua árvore favorita tinha sido podada pela equipe do consultório!

Pode até parecer um pouco ridículo, mas aquela única campanha deu à clínica uma receita de mais de 150 mil dólares! Os pacientes ainda perguntam como vai "Nutty, o esquilo"!

Abaixo está um exemplo de uma campanha com postais que fiz para uma escola na área de Ann Arbor, Michigan, para aumentar o número de matrículas. Está escrito na pessoa de um aluno de 7 anos de idade, que é um "cientista maluco". As pessoas ficaram loucas por este cartão, e junto com outras propagandas que fizemos, o resultado foi um dos períodos de matrícula mais bem sucedidos de todos os tempos.

Segredo Nº 54
Use cartões de agradecimento escritos à mão

É tão simples e tão eficaz. Uma de minhas clientes, que regularmente implementa esta estratégia, recebeu ligação de uma de suas pacientes idosas, quase às lágrimas, dizendo que ia a médicos há mais de 50 anos e jamais tinha recebido qualquer tipo de comunicação assim personalizada de nenhum deles. A paciente tinha até ligado para todas as suas amigas para ver se alguma delas já havia recebido algo assim (e nenhuma delas havia). Quantas pessoas você acha que agora estão sabendo a respeito desta médica incrível que escreve para cada um de seus pacientes pessoalmente? Obviamente você não escreve (não precisa escrever) estes cartões pessoalmente, pois isto pode ser facilmente incorporado ao fluxo de trabalho de seus funcionários, que podem escrevê-los em seu nome.

Segredo Nº 55
Peça sugestões e feedback de seus principais

pacientes

Se você fica sem jeito de pedir a seus pacientes, você mesmo, algum de seus funcionários pode facilmente fazê-lo por meio de um telefonema rápido. Seus pacientes ficarão sensibilizados por você se importar o suficiente para perguntar, e é provável que você receba algumas fantásticas sugestões para melhorar a sua clínica.

Segredo Nº 56
Faça com que mais pessoas falem sobre a sua clínica

Em marketing, tantas vezes nos pegamos falando sobre nós mesmos – como somos hábeis, cuidadosos, qualificados... Ao trabalhar no marketing da sua clínica, é muito fácil assumir esta posição (afinal, todo mundo faz assim). Foi Donald Trump que disse: "Conte vantagens sobre si mesmo e suas realizações, porque ninguém mais o fará", mas eu discordo totalmente.

Embora promover a si mesmo e sua clínica seja de vital importância, há uma infinidade de pessoas lá fora que *vão falar* sobre você, sobre a sua clínica e como você ajudou a mudar as suas vidas. Um dos meus mentores, Dan Kennedy, segue este princípio: "O que os outros falam sobre você e seu serviço é pelo menos 1.000% mais convincente do que o que você fala, mesmo se você for 1.000% mais eloquente".

Aqui estão três grandes ideias para ajudá-lo a fazer com que mais pessoas falem sobre você:

1. **Pacientes Atuais:** Você tem centenas, ou até milhares de pessoas que você consulta a cada ano. Cada uma delas deve ter alguma

coisa muito boa a dizer sobre você, sua equipe, seu consultório e seus serviços. Colete depoimentos de cada paciente em cada visita. É simples, basta fazer com que o funcionário da recepção dê ao paciente um formulário e lhe peça para preenchê-lo com a experiência daquele dia. Não deixe de obter a autorização escrita do paciente para usar o depoimento. Isso também é uma ótima ferramenta para usar no Facebook e LinkedIn para promover a sua clínica.

No consultório de um cirurgião plástico que visitei recentemente, havia dois fichários de 10 cm de espessura transbordando com folhas de depoimentos de pacientes. Meu palpite é que havia mais de dois mil depoimentos no total. Provavelmente, ninguém vai ler tudo aquilo, mas essa é uma ótima maneira de mostrar suas habilidades e nível de atendimento ao paciente.

Para obter uma amostra de uma folha para depoimento para ser usada na sua clínica, é só mandar um e-mail para meu escritório: hello@PremierPhysicianMarketing.com.

2. **Celebridades Locais:** Quando a maioria das pessoas pensam em celebridades, elas costumam pensar em pessoas como Leonardo DiCaprio, Jennifer Aniston ou Sandra Bullock. Embora eles fossem um sonho tornado realidade para endossar a sua clínica, ter alguém desse nível não é necessário. Em vez disso, pense nas pessoas locais de seu mercado que detêm posições de autoridade ou

são altamente consideradas – por exemplo, um apresentador do noticiário local, o prefeito, um músico famoso, um representante estadual ou um líder empresarial de destaque. Conseguir que tais pessoas endossem seus serviços é muito mais fácil do que tentar falar com Ellen DeGeneres por telefone, e muitas vezes eles estão dispostos a promovê-lo por um custo bastante baixo.

3. **Mídia de Notícias Locais:** Este é o endosso de terceiros que você pode controlar. Através do envio de comunicados à imprensa e dando entrevistas para a sua mídia local de notícias, você cria um endosso vindo deles. A vantagem para você de fazer comunicados à imprensa regulares é que eles dão às pessoas as notícias sobre a sua clínica, mas não parecem ter sido escritos por você. São habilmente reescritos e impressos para milhares de pessoas lerem. Este é um grande negócio, pois este endosso é entregue a milhares de pessoas diariamente através de fontes regulares e de confiança em sua comunidade.

Se você deixar esses terceiros contarem a sua história, eles vão causar um grande e significativo impacto na sua clínica!

Capítulo Cinco

Transforme Pacientes Potenciais Em Pacientes Reais

Segredo Nº 57
Faça com que as ligações sejam retornadas *imediatamente*

Existem provas irrefutáveis de que quanto mais rápido seu funcionário puder retornar a ligação de um paciente em potencial, maior a chance de que a pessoa marque uma consulta com você (em vez de ligar para outro médico). Trinta minutos é muito tempo na vida de um novo paciente que está ansioso para encontrar o médico certo para ajudá-lo. Incuta este sentido de *urgência* no seu pessoal e considere a sua inclusão como medida de desempenho para a clínica.

Segredo Nº 58
Mande os seus funcionários fazerem o acompanhamento de todos que telefonarem e não marcarem consulta, no prazo de uma semana após a chamada inicial

Feito isso, agende uma chamada amigável de "follow-up", ou acompanhamento, a cada 60 dias, usando um script mais ou menos assim: "Como vai, Sr. Rafael? Aqui é Jussara, ligando do consultório do Dr. Omar – o senhor nos telefonou há uns dois meses e Dr. Omar me pediu que lhe desse um telefonema rápido para saber como o senhor está passando e ver se há alguma coisa que podemos fazer para ajudá-lo..." Esta estratégia é fantástica para formar relacionamento e, mesmo que a pessoa já tenha escolhido um outro médico, sua clínica irá permanecer na sua lembrança (principalmente se o outro médico não fizer nenhum acompanhamento com eles).

Segredo Nº 59
Crie uma sequência de resposta automática para seu site

Esta campanha de marketing automatizada, quando escrita corretamente, leva o recipiente a pensar que é um e-mail personalizado escrito só para ele. Sequências de resposta automática são ferramentas de conversão de pacientes extremamente valiosas – especialmente se você tiver uma oferta especial em seu site que as pessoas possam baixar. Uma sequência de resposta automática irá manter ativa a conversa com o paciente em potencial, construindo um relacionamento com ele, além de instruí-lo quanto ao valor que você oferece e o seu diferencial, o que o levará a agir.

Segredo Nº 60
Faça com que os telefones sejam atendidos 24 horas por dia por uma pessoa real

Por que é que tantos consultórios médicos "fecham" por duas horas para o almoço – exatamente quando a maioria dos pacientes tem tempo para ligar e marcar uma consulta? Se você está fazendo isso em sua clínica, então, sem perceber, você deve estar abrindo mão de milhares e milhares de dólares em receita perdida de pacientes e potenciais pacientes frustrados. Contrate uma empresa de telefonia respeitável para atuar como uma extensão de sua clínica e lidar com as chamadas quando seu pessoal não puder. Pelo menos as pessoas poderão ouvir uma voz humana e amigável do outro lado da linha para deixar a sua mensagem. A utilização de uma caixa postal deve ser o último recurso.

Segredo Nº 61
Facilite que as pessoas o encontrem – forneça instruções claras e mapas

Nunca presuma que as pessoas podem encontrar a sua clínica com facilidade. Nem todo mundo usa GPS ou iPhone – pessoas de mais idade gostam de instruções escritas e claras.

Segredo Nº 62
Procure aqueles que faltarem à consulta

Problemas acontecem com todos nós. Às vezes, consultas são marcadas por "cabeças de vento", mas outras vezes são marcadas por pessoas genuinamente responsáveis que estão estressadas e ocupadas demais. A maioria delas vai ficar envergonhada demais para telefonar e remarcar. Facilite o retorno dessas pessoas mandando que o seu pessoal lhes envie uma carta dizendo algo mais ou menos assim:

"Sentimos muito que você não estivesse aqui.

Sua consulta estava marcada para o dia xxx às xx horas, mas talvez lhe tenhamos dado a data errada. Se assim for, por favor, aceite nossas sinceras desculpas! Gostaríamos de lhe marcar uma nova consulta, se você ainda a quiser. Por favor, ligue para mim diretamente no número xx-xxxx-xxxx e eu, pessoalmente, cuidarei do seu novo horário.

Calorosamente,

[Nome do funcionário]"

Esta carta imediatamente remove qualquer medo e constrangimento por parte do paciente. Você pode pensar que ela descreve a sua clínica de modo negativo porque "quase" admite que alguém de lá cometeu um erro. Mas ela, na verdade, faz o contrário – ela constrói confiança e mostra que seu pessoal é humano e realmente se preocupa com o bem-estar do paciente.

Experimente e veja por si mesmo!

Capítulo Seis

Construa Uma Clínica De Primeira Classe

Segredo Nº 63
Seja claro sobre a sua habilidade específica e não hesite em delegar tantas tarefas quanto possível que não se enquadrem em tal habilidade

Cada um de nós tem uma *habilidade única* – uma capacidade ou talento inerente que nós amamos exercer e traduz-se em atividades que fazemos excepcionalmente bem. Meu conselheiro fiscal, por exemplo, simplesmente ama analisar números e estudar códigos fiscais. Eu, pessoalmente, preferiria um tratamento de canal sem anestesia a fazer o trabalho que ele faz, mas eu tenho certeza que ele se sente da mesma forma a respeito de marketing e tentar atrair novos clientes. Um dos maiores segredos para desenvolver tanto uma equipe de alto desempenho quanto uma clínica de classe superior é cercar-se de pessoas que estão trabalhando com suas habilidades próprias.

Como exemplo, a minha habilidade específica é ser uma pensadora estratégica sobre um negócio e, daí, ser capaz de pegar aquela estratégia e criar o marketing específico necessário para implementar a estratégia e alcançar os objetivos (muito poucos profissionais de marketing combinam trabalho de consultoria e marketing – é geralmente um ou outro). Eu tenho duas pessoas na minha equipe cuja habilidade específica é gerenciamento de projetos e atenção aos detalhes. Eles não são inovadores, eles não são pensadores criativos – são analíticos em sua visão e extremamente detalhistas, certificando-se de que são colocados todos os "pingos nos is". Esta não é a minha habilidade. Eu sou capaz de fazer o gerenciamento de projetos e me forçar a ter grande atenção aos detalhes? Sim – até certo ponto. Talvez eu levasse dez vezes mais tempo para conseguir fazer isso, porque não é uma habilidade natural para mim (e, provavelmente, os resultados ainda não seriam tão bons, mesmo com o meu grande esforço). Parte de nosso trabalho como donos de negócios é identificar rapidamente quais são as nossas próprias habilidades exclusivas e, então, contratar outras pessoas para complementar nossas fraquezas.

Como médico, você fez Faculdade de Medicina para praticar medicina e tratar pacientes. Essa é também a sua habilidade exclusiva. Não é lidar com papeis e perder seu tempo tratando da administração irritante e das tarefas para o desenvolvimento de sua clínica.

Todas as vezes que você gasta tempo fazendo tarefas que não estão diretamente relacionadas com o tratamento de pacientes, você sacrifica uma receita preciosa. Os membros da sua equipe precisam entender isso no nível mais profundo, e perceber que é função deles *tirar* essas tarefas de suas mãos (e não acrescentar ainda mais).

Espero que você já tenha pessoal de apoio trabalhando com a habilidade exclusiva deles (ou pelo menos em grande parte). Espero que o seu gerente seja um organizador fenomenal, um gestor eficiente e incrível com os pacientes. Se você tem pessoas em sua equipe que não estão ajustadas – suas funções estão fora de suas habilidades específicas, elas são possivelmente negativas ou simplesmente não correspondem às expectativas – a última coisa que você deve fazer é dar-lhes mais treinamento. Isso só vai reforçar as suas fraquezas.

A melhor coisa que você pode fazer é determinar: a) se eles têm a atitude certa para continuar a fazer parte de sua equipe; e b) que trabalho ou conjunto de tarefas em sua clínica seria mais adequado para eles.

O mesmo, é claro, se aplica ao seu marketing e a todas as áreas de funcionamento de sua clínica que requerem a ajuda de um especialista.

Segredo Nº 64
Contrate o *melhor* pessoal que você possa pagar

Há um velho ditado que diz assim: "Se você acha que contratar um especialista é caro, espere só até contratar um amador".

Contrate as melhores profissionais que você puder pagar – sejam eles empregados ou consultores externos. Isso vai lhe economizar e lhe trazer muito mais dinheiro a longo prazo, além de lhe poupar incontáveis horas de frustração, estresse e aborrecimentos. O grande profissional de marketing David Ogilvy, já falecido, dizia:

"Se cada um de nós contratar pessoas

menores que nós, nos tornaremos uma companhia de anões, mas se cada um de nós contratar pessoas maiores que nós, então nos tornaremos uma companhia de gigantes."

Segredo Nº 65
Seja prolífico com seu marketing e crie um *sistema* de marketing

Um dos maiores erros em marketing que vejo médicos fazerem é serem irremediavelmente esporádicos com o seu marketing.

Um marketing *consistente* é a chave para a construção de confiança e familiaridade. Em média, um paciente em potencial tem que ter sido "tocado" por você sete vezes antes de pegar o telefone. O "toque" pode ser um cartaz de propaganda que viram, um anúncio Google Pay-Per-Click, um postal recebido por correio, a menção de seu nome por um colega, etc.

As empresas mais bem sucedidas do mundo, todas usam sistemas. Não é uma coincidência, e é uma das principais razões por que elas são tão bem sucedidas. Todos os meus clientes veem, tão logo começamos a trabalhar juntos, como sou "fanática por sistemas". Meu mentor de marketing uma vez me disse: "Sucesso é sair do seu próprio caminho", ou seja, nós somos os maiores obstáculos para o nosso próprio sucesso. A implementação de um sistema de marketing para a sua clínica é uma das melhores maneiras de "sair do seu próprio caminho".

Aqui está um exemplo de sistema de marketing que recentemente criamos para um angiologista como parte de um programa mensal de retenção chamado *Premier Marketing Concierge Program*:

Marketing feito semanalmente

- Postagem semanal em blogs – ferramenta de busca otimizada

- Postagem nas redes sociais

- Anúncios em banners

- Campanhas Google Pay-Per-Click

- Ezine para pacientes (boletim eletrônico)

- Campanha de mala direta para potenciais pacientes que telefonaram mas não marcaram consulta

Marketing feito mensalmente

- Outdoors

- Anúncios em ônibus

- Newsletter impressa – mandada para médicos que encaminham pacientes e para pacientes

- Anúncios em jornais locais e revistas específicas

- Noite de informações e/ou triagem gratuita

- Comunicados à imprensa

- Campanha de vídeo viral

- Campanha de mala direta para mercado-alvo

Marketing feito a cada três meses

- Criação de posicionamento como especialista – artigos, livro/impressos para pacientes, palestras públicas, entrevista "expert" gravada/filmada

- Campanha de marketing joint-venture com empresas locais

- Workshops "na hora do almoço" para clínicas que lhe encaminham pacientes

Marketing feito duas vezes por ano

- Evento de apreço aos médicos que lhe encaminham pacientes

- Grupos de discussão com pacientes

Marketing feito anualmente

- Evento de apreço ao paciente

- Coleta beneficente

Imagine como você se sentiria bem se soubesse que todo esse marketing para a sua clínica estava acontecendo como se fosse um relógio!

É isso que um *sistema de marketing* faz. Ele também tem as vantagens adicionais de eliminar períodos de "baixa", porque você tem sempre promoções acontecendo (a menos que você prefira não ter), e de nivelar o fluxo de caixa.

Segredo Nº 66
"Ganhar não é tudo, mas querer ganhar, sim."
– Vince Lombardi

Há muito poucas empresas verdadeiramente notáveis hoje. Quando foi a última vez que você ficou impressionado com o serviço recebido em um restaurante? Ou teve suas expectativas ultrapassadas em relação a alguém com quem fez negócios? Você não quer que a sua clínica seja vista com o mesmo alto nível de respeito? Não quer que outros médicos batam no seu ombro com admiração e lhe perguntem como você fez para conseguir tudo que conseguiu? Que os pacientes fiquem ansiosos para contar a amigos e familiares sobre sua experiência com você? E que você consiga finalmente criar a clínica que sempre sonhou em possuir? Uma que *você possui* (e não que *possui você*), e que representa o novo *padrão de excelência* em assistência ao paciente no seu campo da medicina.

Faça de tudo para construir uma clínica de primeira classe. Recuse-se a se contentar com o segundo lugar em qualquer coisa. Incuta este sentimento de confiança e de direção em seu pessoal. Veja os resultados se desenrolarem!

"O que quer que a mente do homem possa conceber e acreditar, isso pode ser alcançado." – Napoleon Hill

Segredo Nº 67
Nunca pare de crescer

Foi Carrie Fisher, atriz de Star Wars, (que interpretou a princesa Leia) que disse: – Não existe nenhum momento em que você possa dizer: "Bem, eu sou bem sucedido agora, já posso tirar uma soneca!".

Se você não está ativamente desenvolvendo a sua clínica, então ela está "encolhendo". Se você não está ativamente fazendo marketing para seus pacientes, então, pode crer, a sua concorrência está.

Não importa onde a sua clínica está localizada, você

pode apostar que o ambiente onde você trabalha vai ser muito diferente mesmo em dois anos. A concorrência vai aumentar. A maneira como você atrai novos pacientes vai se tornar ainda mais complexa. Haverá (ainda mais) guerras de preços acontecendo – razão pela qual é tão essencial que você crie uma *proposta de valor* hoje, que não depende de preço para que o seu telefone toque.

Crie um plano de marketing e considere como prioridade a implementação de um sistema de marketing o mais rapidamente possível. Supere sua concorrência usando ferramentas publicitárias especializadas. Use um marketing consistente e baseado na confiança para construir relacionamentos reais com seus pacientes e, finalmente, alcançar o sucesso e o reconhecimento que você merece!

"A questão não é quem vai me permitir fazer; é quem vai me impedir."

– Ayn Rand

"Quando parecer que tudo está indo contra você, lembre-se de que o avião decola contra o vento e não a seu favor."

– Henry Ford

"Devemos crer que somos dotados para alguma coisa, e que essa coisa, a qualquer custo, deve ser atingida."

– Marie Curie

Síntese dos SEGREDOS

1. Sua capacidade de atrair um fluxo constante de novos pacientes é a força vital de sua clínica

2. Como mudar facilmente o que você está fazendo para obter os resultados desejados

3. Seja claro sobre a sua mensagem de marketing

4. Crie uma proposta única de venda (USP)

5. Escolha um público-alvo como foco de seu marketing

6. Defina quem são os seus pacientes "mais adequados"

7. Crie zelosamente sua própria lista interna de endereços

8. Trate marketing como um investimento, não como uma despesa, para sua clínica

9. Especialize-se

10. Tenha uma mentalidade de abundância (não de escassez ou de medo)

11. Assegure-se de que o seu material de marketing está escrito em "português

coloquial" – e não em "linguagem jurídica"

12. Saiba quanto um novo paciente vale para você: por ano e para a vida toda (VMP: Valor Médio do Paciente)

13. Saiba quanto lhe custa em média para conseguir um novo paciente (CMP: Custo Médio por Paciente)

14. Compre os números de telefone de seus concorrentes que deixaram as clínicas particulares

15. Seja inflexível com seu precioso tempo

16. Dirija sua clínica primeiramente como um negócio

17. Adote uma política para "atrasos e faltas"

18. Implemente um plano de marketing

19. Crie marketing colateral distinto para sua clínica

20. Realize o seu próprio evento "educacional" especial

21. Escreva uma carta para familiares e amigos

22. Realize grupos de discussão

23. Implemente uma campanha formalizada de encaminhamento

24. Crie uma "apresentação padronizada de 15 minutos" sobre sua clínica e o valor do que você faz

25. Comece a fazer as apresentações você mesmo

26. Use um envelopamento para o seu carro (ok, talvez não o *seu* carro, mas certamente os de sua equipe!)

27. Dê ao seu site uma repaginada para realmente conseguir novos pacientes (e não apenas para ficar bonito)

28. Adicione um "opt-in magnet" ao seu site para demonstrar afinidade com pacientes em potencial e construir um relacionamento

29. Crie cartões de visita para todos da sua clínica

30. Use um calendário de marketing para planejar cada uma das atividades de marketing

31. Realize um webinar

32. Faça uma campanha de mala direta em vizinhanças onde você já tem pacientes (ou que se encaixam no perfil de seu "paciente mais adequado")

33. Inclua um blog no seu site

34. Escreva artigos

35. Comece uma newsletter com papel e tinta

36. Escreva um ezine

37. Crie um kit "Bem-vindo à nossa família" para novos pacientes

38. Faça campanhas com Google AdWords

39. Realize uma campanha de "co-marketing" com outro negócio local

40. Peça ao seu pessoal para fazer um

acompanhamento regular on-line de sua reputação e comentários de pacientes

41. Responda com rapidez a qualquer comentário on-line negativo

42. Evite todo marketing que faça sua clínica parecer igual às outras

43. Faça publicidade de resposta direta

44. Assegure-se de que os membros de sua equipe se vestem e agem de modo profissional

45. Beba de sua própria bebida (e assegure-se de que sua equipe a bebe também)

46. Dê (especialmente durante as festas de fim de ano)

47. Assegure-se de que sua clínica tem um colateral de marketing bem escrito, informativo e chamativo

48. Faça mais do que é esperado

49. Forneça um acompanhamento fantástico

50. Tenha uma clínica sem atrasos

51. Trate os seus pacientes atuais tão bem quanto (ou melhor que) seus novos pacientes

52. Dê uma festa de apreço aos pacientes

53. Crie uma cultura divertida da qual as pessoas gostem de fazer parte

54. Use cartões de agradecimento escritos à mão

55. Peça sugestões e feedback de seus principais pacientes

56. Faça com que mais pessoas falem sobre a sua clínica

57. Faça com que as ligações sejam retornadas *imediatamente*

58. Mande os seus funcionários fazerem o acompanhamento de todos que telefonarem e não marcarem consulta, no prazo de uma semana após a chamada inicial

59. Crie uma sequência de resposta automática para seu site

60. Faça com que os telefones sejam atendidos 24 horas por dia por uma pessoa real

61. Facilite que as pessoas o encontrem – forneça instruções claras e mapas

62. Procure aqueles que faltarem à consulta

63. Seja claro sobre a sua habilidade específica e não hesite em delegar tantas tarefas quanto possível que não se enquadrem em tal habilidade

64. Contrate o *melhor* pessoal que você possa pagar

65. Seja prolífico com seu marketing e crie um *sistema* de marketing

66. "Ganhar não é tudo, mas querer ganhar, sim." – Vince Lombardi

67. Nunca pare de crescer

Terceira Parte

Opções de Marketing

Se você está se sentindo
sobrecarregado ou frustrado
com a forma pela qual o
marketing da sua clínica está
sendo feito, você vai ficar
aliviado ao saber que há, de
verdade, um botão para apertar
e ter tudo isso feito para você.

Opção 1

Para O Médico DIY Ou A Clínica Em Crescimento Que Ainda Não Chegou À Marca Dos Dois Milhões De Dólares Ao Ano

Se você é um médico do tipo DIY (*do-it-yourself*, ou seja, faça você mesmo) e/ou a sua clínica de estética ainda está caminhando em direção a uma receita de dois milhões de dólares ao ano, eu desenvolvi um "Sistema de Marketing Baseado na Confiança" para clínicas de estética, fácil de seguir, em dez etapas. Ele contém mais de 30 modelos de marketing diferentes, cópias de algumas de nossas mais bem sucedidas campanhas publicitárias personalizadas, scripts para telefonemas, campanhas com e-mail, campanhas com cartão postal, propaganda em placas, outdoors, eventos especiais, modelos de marketing de joint venture e sistema para encaminhamentos – que triplicou e, em alguns casos, quadruplicou os índices de encaminhamentos de muitos dos nossos clientes... Tudo que você precisa para implementar um sistema de marketing baseado na confiança para sua clínica está logo ali, ao alcance de sua mão.

E porque eu não quero que você desperdice o seu precioso tempo tratando de marketing, eu também desenvolvi um curso complementar de treinamento on-line, de seis semanas, para o seu Gerente da Clínica para que ele/ela possa ajudar a implementar o sistema para você. Ele, ou ela, passa uma hora por semana em um webinar, com a oportunidade de fazer perguntas específicas após cada sessão e receber suporte.

Se você está interessado em saber mais sobre o nosso *Premier Physician Trust-Based Marketing System*, por favor, mande um e-mail para: hello@ PremierPhysicianMarketing.com.

Opção 2

Completo Departamento Externo De Marketing Feito Para Você — Você Pode Solicitar O *Premier Physician Marketing Concierge Program*™

Este é um programa de marketing mensal de área exclusiva, projetado para clínicas de estéticas com receita de dois milhões de dólares ou mais. Com este programa, seremos o seu departamento externo para completo marketing e desenvolvimento de sua clínica – utilizando marketing digital de ponta e mídia impressa tradicional. Todo o marketing – *o melhor entre os melhores*, em um só local. Cobramos uma taxa mensal fixa – *não* um percentual de seus gastos com publicidade (pois isso, a nosso ver, não é uma maneira inteligente de incentivar a empresa de marketing a ser prudente com o seu orçamento). Trabalhamos junto com você para promover a sua clínica, liberando seu tempo para que você possa se concentrar naquilo que você faz melhor – praticar medicina, além de ter a liberdade de gastar mais tempo fazendo aquilo que gosta.

Para saber mais sobre *The Premier Physician Marketing Concierge Program*™ e como podemos ajudá-lo, telefone para Jennie, no número (734) 402-8843, e marque uma sessão de 45 minutos para entrevista e avaliação de suas necessidades.

Opção 3

Contrate Outra Empresa De Consultoria/Marketing Para Implementar Seu Marketing

É claro que eu seria negligente se, ao escrever este livro, não lhe desse também algumas dicas importantes para trabalhar com outras empresas de marketing e consultoria. Nós não somos apropriados para todos, por isso é importante que, ao trabalhar com outra empresa de marketing, você comece uma relação tão bem informado quanto possível, para dar à sua publicidade a maior chance de sucesso.

Ao escolher uma empresa de marketing com a qual trabalhar, há quatro importantes considerações a fazer:

1. A primeira pergunta a fazer não é *"qual é a sua experiência"*, mas sim *"com quem eu vou trabalhar"*. Tenho ouvido inúmeros casos em que o médico acreditava estar investindo em serviços de marketing "de primeira", para acabar descobrindo, após a venda

inicial, que a empresa tinha um "novato" supervisionando a sua conta. Para quem você está trabalhando e o nível de serviço que você recebe são fatores tão importantes quanto as ferramentas e as estratégias que eles oferecem. Ferramentas certas em mãos inexperientes irão resultar em perda de lucro e gastos com publicidade desperdiçados.

2. Em segundo lugar, pergunte para quem mais em seu mercado eles trabalham. Você tem o direito de saber se eles estão trabalhando para seus concorrentes. E se eles estiverem – você deve ficar muito preocupado. Vai ser MUITO difícil para qualquer agência de marketing manter "muralhas da China" entre os clientes, supondo-se que eles façam isso. Quando eu comecei a trabalhar com médicos, fomos procurados, depois de apenas um mês, por dois médicos proeminentes cujas clínicas estavam localizadas em uma grande área metropolitana. Nós realmente gostamos de ambos os médicos, por isso aceitamos os dois e essencialmente organizamos duas equipes de marketing completamente distintas para trabalhar em suas contas. Essas equipes ficavam em escritórios separados e realizavam reuniões separadas, afastadas uma da outra. Devo confessar, no entanto, que evitar que essas duas equipes "entornassem o caldo", comentando sobre o que estava funcionando melhor, foi muito mais difícil do que eu havia previsto. Felizmente, uma das clínicas acabou sendo comprada por um grande grupo, o que resolveu o nosso problema. Desde então, adotamos uma política rigorosa em nossa agência de não trabalhar para clientes concorrentes. Dessa forma, nossos clientes têm a confiança de saber que eles

têm a exclusividade total do mercado.

3. A terceira questão que você precisa considerar é: esta agência vai cuidar de todo o marketing, ou apenas parte dele (por exemplo, marketing digital)? Uma palavra de cautela para os médicos que estejam lendo e que tenham várias empresas trabalhando com seu marketing (por exemplo, uma empresa para SEO, outra para rede social, outra para gerenciar o site, etc.) – para se destacar no ambiente competitivo de hoje, você precisa de um posicionamento de marca consistente e memorável em TODOS os canais da mídia. Caso contrário, você acaba com marketing "Frankenstein" – a sua clínica é retratada de uma maneira em campanhas do Google Pay-Per-Click e de outra no material impresso. Os pacientes em potencial notam essas inconsistências, o que não ajuda em nada a desenvolver sua confiança, além de poder resultar no gasto de milhares de dólares além do necessário com seu marketing, pois os canais da mídia não estão todos trabalhando juntos e em harmonia.

4. A consideração final e mais importante é: como o seu marketing vai ser *realmente* personalizado? Será que eles vão criar campanhas e sites para você começando do zero? Ou todo o marketing que fazem tem uma aparência semelhante (no setor de marketing, isto é conhecido como abordagem "clichê"). O exemplo mais claro do marketing clichê pode ser visto se você procurar no Google, por exemplo, "cirurgião plástico" em uma grande cidade diferente da sua. Depois de apenas cinco minutos clicando em sites,

você provavelmente vai ter a nítida impressão de que são todos iguais ou muito parecidos... Isto porque, em sua grande maioria, os sites médicos são construídos a partir de modelos. Eles usam fotos semelhantes, material de publicidade semelhante. Até layout semelhante. Sua clínica médica é *diferente* (e melhor) do que a de seus concorrentes e é essencial que o seu marketing lhe faça justiça.

Ou, como Coco Chanel tão eloquentemente colocou: *"Para ser insubstituível, deve-se sempre ser diferente."*

CONCLUSÃO

Fazer o marketing da sua clínica de estética não precisa ser difícil. Se houver apenas uma mensagem para você tirar deste livro, é a que você *tem que* fazer as coisas de forma diferente dos seus concorrentes para colocar a sua clínica cosmética no topo do seu mercado. Pela minha experiência, a maneira mais eficaz de fazer isso é passar do marketing da tecnologia e tratamentos – para o marketing de *você*; o ingrediente verdadeiramente exclusivo de sua clínica. Isso não significa ser impulsionado pelo ego ou contar vantagens. Trata-se de ajudar as pessoas que estão interessadas em investir em procedimentos estéticos a tomar boas decisões e escolher *o melhor fornecedor* desse serviço. O segredo para fazer isso com sucesso é ser capaz de usar ferramentas publicitárias com base na confiança para promover a sua clínica – atraindo mais pacientes, fortalecendo seu relacionamento com os pacientes existentes e enfurecendo a concorrência!

Uma última palavra – neste instante, tome uma medida, pequena que seja, para fazer a sua clínica ir para frente – enviando um e-mail, pegando o telefone ou escolhendo apenas um *Segredo* ou estratégia de marketing deste livro para ser implementada. Sua clínica será muito diferente daqui a dois anos – a única pergunta que fica é: *você* estará na liderança, ou outra pessoa?

"O maior risco é não correr nenhum risco... Em um mundo que se transforma tão rapidamente, a única estratégia que tem a garantia de falhar é a de não correr nenhum risco." – Mark Zuckerberg

Sobre a Autora
Julie Guest

Julie Guest é uma redatora de publicidade, autora best-seller e uma das estrategistas de marketing mais bem pagas da América. Julie é cofundadora da *Premier Physician Marketing* – uma agência de marketing que oferece serviço completo, especializada em "Marketing Baseado na Confiança" para os  melhores médicos de estética de consultórios particulares com receitas de dois milhões de dólares ou mais.

Julie é coautora do best-seller, *The Only Business Book You'll Ever Need*, junto com o renomado orador motivacional Brian Tracy e outros importantes especialistas em negócios. Sua contribuição para o livro lhe rendeu o prêmio de "Melhor Escolha do Editor" e, em 2012, ela entrou para a "Academia Nacional de Autores de Best-Sellers".

Também coautora de *How to Choose a Cosmetic Surgeon* (Como Escolher um Cirurgião Cosmético) e *The Small Business Owner's Guide to Hiring a Top Gun Copywriter* (Guia do Dono de Pequeno

Negócio para Contratar um Redator Top), Julie é uma oradora popular e foi destaque na ABC, CBS, nos jornais USA Today, The San Francisco Chronicle, The Salt Lake Tribune e muitos outros.

Sobre a *Premier Physician Marketing*

A *Premier Physician Marketing* é uma agência de marketing com serviço completo para os médicos de alto nível em medicina estética com faturamento anual de dois milhões de dólares ou mais. Como especialistas em "Marketing Baseado na Confiança" – eles promovem o médico, *não* a tecnologia. Mais do que um departamento externo para marketing, a *Premier Physician Marketing* trabalha em estreita colaboração com os seus clientes, como seus "Parceiros Empresariais" para o desenvolvimento de suas clínicas, elaborando estratégias, descobrindo oportunidades ocultas, criando novas oportunidades e treinando e desenvolvendo suas equipes de apoio. Os clientes aceitos no *Premier Physician Marketing* são clientes exclusivos – apenas um médico por mercado é aceito. Para saber se a sua clínica se qualifica e como podemos ajudá-lo, ligue para (310) 935-1797 e agende uma entrevista de 45 minutos com avaliação das suas necessidades, ou visite www.PremierPhysicianMarketing.com e preencha o formulário de contato.